见识城邦

更新知识地图　拓展认知边界

BIG HISTORY

万物大历史

人口为什么有增有减

[韩]权基燮 [韩]崔吉顺 著 [韩]宋东根 绘 杨彦 译

中信出版集团│北京

图书在版编目（CIP）数据

人口为什么有增有减 /（韩）权基燮,（韩）崔吉顺著；（韩）宋东根绘；杨彦译. -- 北京：中信出版社，2023.1
（万物大历史）
ISBN 978-7-5217-4384-5

Ⅰ.①人… Ⅱ.①权… ②崔… ③宋… ④杨… Ⅲ.①人口－问题－世界－青少年读物 Ⅳ.① C924.1-49

中国版本图书馆 CIP 数据核字（2022）第 077590 号

Big History vol.17
Written by Kisub KWON, Gilsoon CHOI
Cartooned by Donggeun SONG
Copyright © Why School Publishing Co., Ltd.- Korea
Originally published as "Big History vol. 17" by Why School Publishing Co., Ltd., Republic of Korea 2017
Simplified Chinese Character translation copyright © 2023 by CITIC Press Corporation
Simplified Chinese Character edition is published by arrangement with Why School Publishing Co., Ltd. through Linking-Asia International Inc.
All rights reserved.
本书仅限中国大陆地区发行销售

人口为什么有增有减
著者：　　[韩] 权基燮　　[韩] 崔吉顺
绘者：　　[韩] 宋东根
译者：　　杨彦
出版发行：中信出版集团股份有限公司
　　　　　（北京市朝阳区惠新东街甲 4 号富盛大厦 2 座　邮编 100029）
承印者：　天津丰富彩艺印刷有限公司

开本：880mm×1230mm 1/32　　　印张：5.75　　　字数：97 千字
版次：2023 年 1 月第 1 版　　　　印次：2023 年 1 月第 1 次印刷
京权图字：01-2021-3959　　　　　书号：ISBN 978-7-5217-4384-5
　　　　　　　　　　　　　　　　定价：68.00 元

版权所有·侵权必究
如有印刷、装订问题，本公司负责调换。
服务热线：400-600-8099
投稿邮箱：author@citicpub.com

大历史是什么？

为了制作"探索地球报告书"，具有理性能力的来自织女星的生命体组成了地球勘探队。第一天开始议论纷纷。有的主张要了解宇宙大爆炸后，地球是从什么时候、怎样开始形成的；有的主张要了解地球的形成过程，就要追溯至太阳系的出现；有的主张恒星的诞生和元素的生成在先，所以先着手研究这个问题。

在探索过程中，勘探家对地球上存在的多样生命体的历史产生了兴趣。于是，为了弄清楚地球是在什么时候开始出现生命的，并说明生命体的多样性和复杂性，他们致力于研究进化机制的作用过程。在研究过程中，他们展开了关于"谁才是地球的代表"的争论。有人认为存在时间最长、个体数最多、最广为人知的"细菌"应为地球的代表；有人认为亲属关系最为复杂的白蚁才是；也有人认为拥有最强支配能力的智人才是地球的代表。最终在细菌与人类的角逐战中，人类以微弱的优势胜出。

现在需要写出人类成为地球代表的理由。地球勘探队决定要对人类怎样起源、怎样延续、未来将去往何处进行调查和研究，找出人类的成就以及影响人类的因素是什么，包括农耕、城市、帝国、全球网络、气候、人口增减、科学技术和工业革命等。那么，大家肯定会好奇：农耕文化是怎样促使人类的生活产生变化的？世界是怎样连接的？工业革命是怎样改变人类历史的？……

地球勘探队从三个方面制成勘探报告书，包括："从宇宙大爆炸到地球诞生"、"从生命的产生到人类的起源"和"人类文明"。其内容涉及天文学、物理学、化学、地质学、生物学、历史学、人类学和地理学等，把涉及的知识融会贯通，最终形成"探索地球报告书"。

好了，最后到了决定报告书标题的时间了。历尽千辛万苦后，勘探队将报告书取名为《万物大历史》。

外来生命体？地球勘探队？本书将从外来生命体的视角出发，重构"大历史"的过程。如果从外来生命体的视角来看地球，我们会好奇地球是怎样产生生命的，生命体的繁殖系统是怎样出现的，以及气候给人类粮食生产带来了哪些影响。我们不禁要问："6 500万年前，如果陨石没有落在地球上，地球上的生命体如今会怎样进化？""如果宇宙大爆炸以其他细微的方式进行，宇宙会变成什么样子？"在寻找答案的过程中，大历史产生了。事实上，通过区分不同领域的各种信息，融合相关知识，并通过"大历史",我们找到了我们想要回答的"宇宙大问题"。

大历史是所有事物的历史,但它并不探究所有事物。在大历史中,所有事物都身处始于137亿年前并一直持续到今天的时光轨道上,都经历了10个转折点。它们分别是137亿年前宇宙诞生、135亿年前恒星诞生和复杂化学元素生成、46亿年前太阳系和地球生成、38亿年前生命诞生、15亿年前性的起源、20万年前智人出现、1万年前农耕开始、500多年前全球网络出现、200多年前工业化开始。转折点对宇宙、地球、生命、人类以及文明的开始提出了有趣的问题。探究这些问题,我们将会与世界上最宏大的故事相遇,宇宙大历史就是宇宙大故事。

因此,大历史不仅仅是历史,也不属于历史学的某个领域。它通过开动人类的智慧去理解人类的过去和现在,它是应对未来的融合性思考方式的产物。想要综合地了解宇宙、生命和人类文明的历史,就必然涉及人文与自然,因此将此系列丛书简单地划分为文科和理科是毫无意义的。

但是,认为大历史是人文和科学杂乱拼凑而成的观点也是错误的。我们想描绘如此巨大的图画,是为了获得一种洞察力,以便贯穿宇宙从开始到现代社会的巨大历史。其洞察中的一部分发现正是在大历史的转折点处,常出现多样性、宽容开放、相互关联性以及信息积累的爆炸式增长。读者不仅能通过这一系列丛书，在各本书也能获得这些深刻见解。

阅读和学习"万物大历史"系列丛书会有什么不同呢？当然是会获得关于宇宙、生命和人类文明的新奇的知识。此系列丛书不是百科全书，但它包含了许多故事。当这些故事以经纬线把人文和科学编织在一起时，大历史就成了宇宙大故事，同时也为我们提供了一个观察世界、理解世界的框架。尽管想要形成与来自织女星的生命体相同的视角可能有点困难，但就像登上山顶俯瞰世界时所看到的巨大远景一样，站得高才能看得远。

但是，此系列丛书向往的最高水平的教育是"态度的转变"，因为通过大历史，我们最终想知道的是"我们将怎样生活"。改变生活态度比知识的积累、观念的获得更加困难。我们期待读者能够通过"万物大历史"系列丛书回顾和反省自己的生活态度。

大历史是备受世界关注的智力潮流。微软的创始人比尔·盖茨在几年前偶然接触到了大历史，并在学习人类史和宇宙史的过程中对其深深着迷，之后开始大力投资大历史的免费在线教育。实际上，他在自己成立的BGC3（Bill Gates Catalyst 3）公司将大历史作为正式项目，之后还与大历史企划者之一赵智雄的地球史研究所签订了谅解备忘录。在以大卫·克里斯蒂安为首的大历史开拓者和比尔·盖茨等后来人的努力下，从 2012 年开始，美国和澳大利亚的 70 多所高中进行了大历史试点项目，韩国的一些初、高中也开始尝试大历史教学。比尔·盖茨还建议"青少年应尽早学习大历史"。

经过几年不懈努力写成的"万物大历史"系列丛书在这样的潮流中，成为全世界最早的大历史系列作品，因而很有意义。就像比尔·盖茨所说的那样，"如今的韩国摆脱了追随者的地位，迈入了引领国行列"，我们希望此系列丛书不仅在韩国，也能在全世界引领大历史教育。

李明贤　　赵智雄　　张大益

祝贺"万物大历史"系列丛书诞生

大历史是保持人类悠久历史，把握全宇宙历史脉络以及接近综合教育最理想的方式。特别是对于 21 世纪接受全球化教育的一代学生来讲，它显得尤为重要。

全世界范围内最早的大历史系列丛书能在韩国出版，并且如此简洁明了，这让我感到十分高兴。我期待韩国出版的"万物大历史"系列丛书能让世界其他国家的学生与韩国学生一起开心地学习。

"万物大历史"系列丛书由 20 本组成。2013 年 10 月，天文学者李明贤博士的《世界是如何开始的》、进化生物学者张大益教授的《生命进化为什么有性别之分》以及历史学者赵智雄教授的《世界是怎样被连接的》三本书首先出版，之后的书按顺序出版。在这三本书中，大家将认识到，此系列丛书探究的大历史的范围很广阔，内容也十分多样。我相信"万物大历史"系列丛书可以成为中学生学习大历史的入门读物。

大历史为理解过去提供了一种全新的方式。从 1989

年开始，我在澳大利亚悉尼的麦考瑞大学教授大历史课程。目前，在英语国家，大约有50所大学开设了大历史课程。此外，在微软创始人比尔·盖茨的热情资助下，大历史研究项目团体得以成立，为全世界的青少年提供免费的线上教材。

如今，大历史在韩国备受关注。2009年，随着赵智雄教授地球史研究所的成立，我也开始在韩国教授大历史课程。几年来，为促进大历史在韩国的传播，我们付出了许多心血，梨花女子大学讲授大历史的金书雄博士也翻译了一系列相关书籍。通过各种努力，韩国人对大历史的认识取得了飞跃式发展。

"万物大历史"系列丛书的出版将成为韩国中学以及大学里学习研究大历史体系的第一步。我坚信韩国会成为大历史研究新的中心。在此特别感谢地球史研究所的赵智雄教授和金书雄博士，感谢为促进大历史在韩国的发展起先驱作用的李明贤教授和张大益教授。最后，还要感谢"万物大历史"系列丛书的作者、设计师、编辑和出版社。

2013年10月

大历史创始人　大卫·克里斯蒂安

THE BIG HISTORY

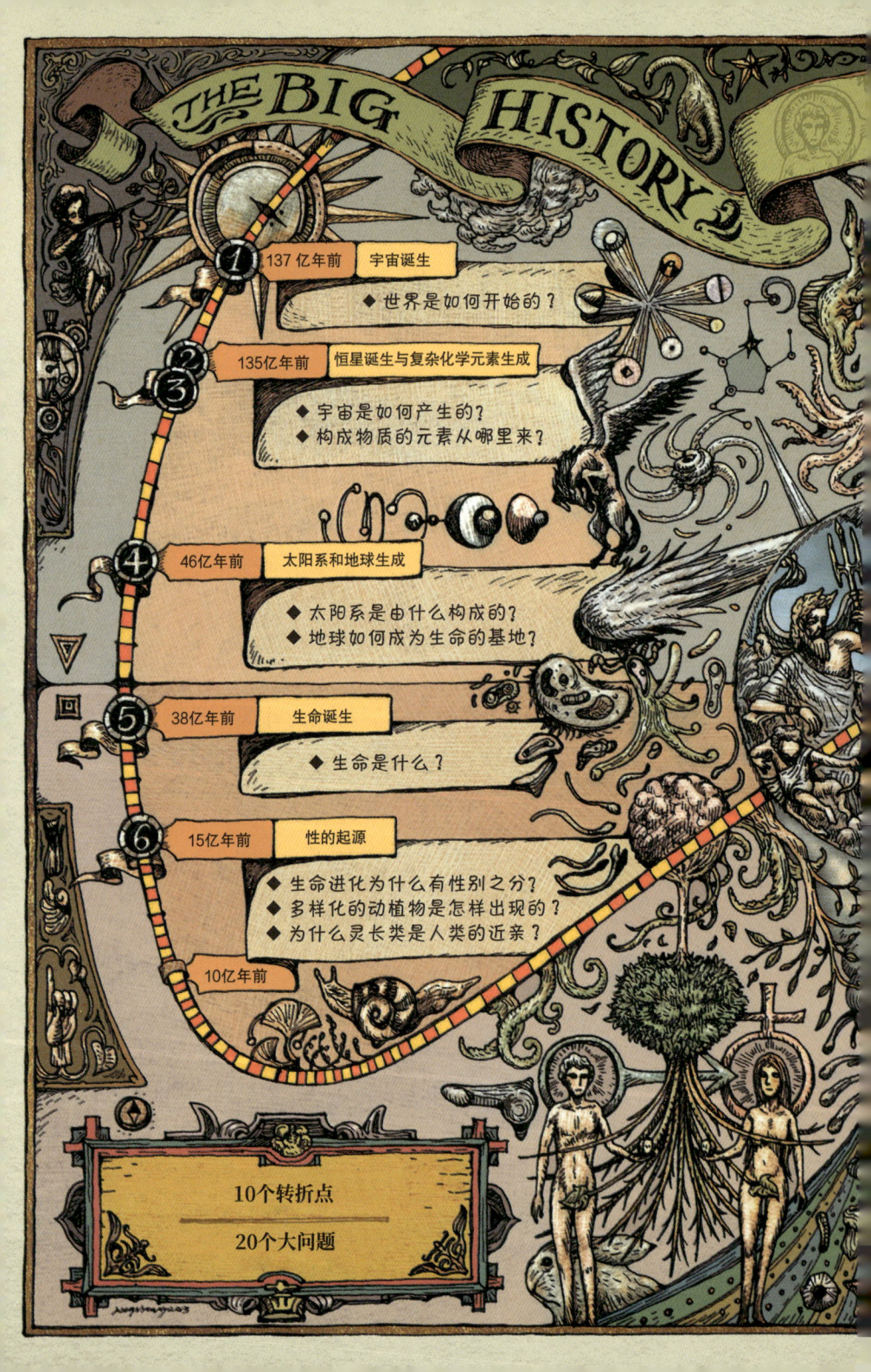

① **137亿年前** — 宇宙诞生
  ◆ 世界是如何开始的？

②③ **135亿年前** — 恒星诞生与复杂化学元素生成
  ◆ 宇宙是如何产生的？
  ◆ 构成物质的元素从哪里来？

④ **46亿年前** — 太阳系和地球生成
  ◆ 太阳系是由什么构成的？
  ◆ 地球如何成为生命的基地？

⑤ **38亿年前** — 生命诞生
  ◆ 生命是什么？

⑥ **15亿年前** — 性的起源
  ◆ 生命进化为什么有性别之分？
  ◆ 多样化的动植物是怎样出现的？
  ◆ 为什么灵长类是人类的近亲？

10亿年前

10个转折点

20个大问题

TIME-LINE

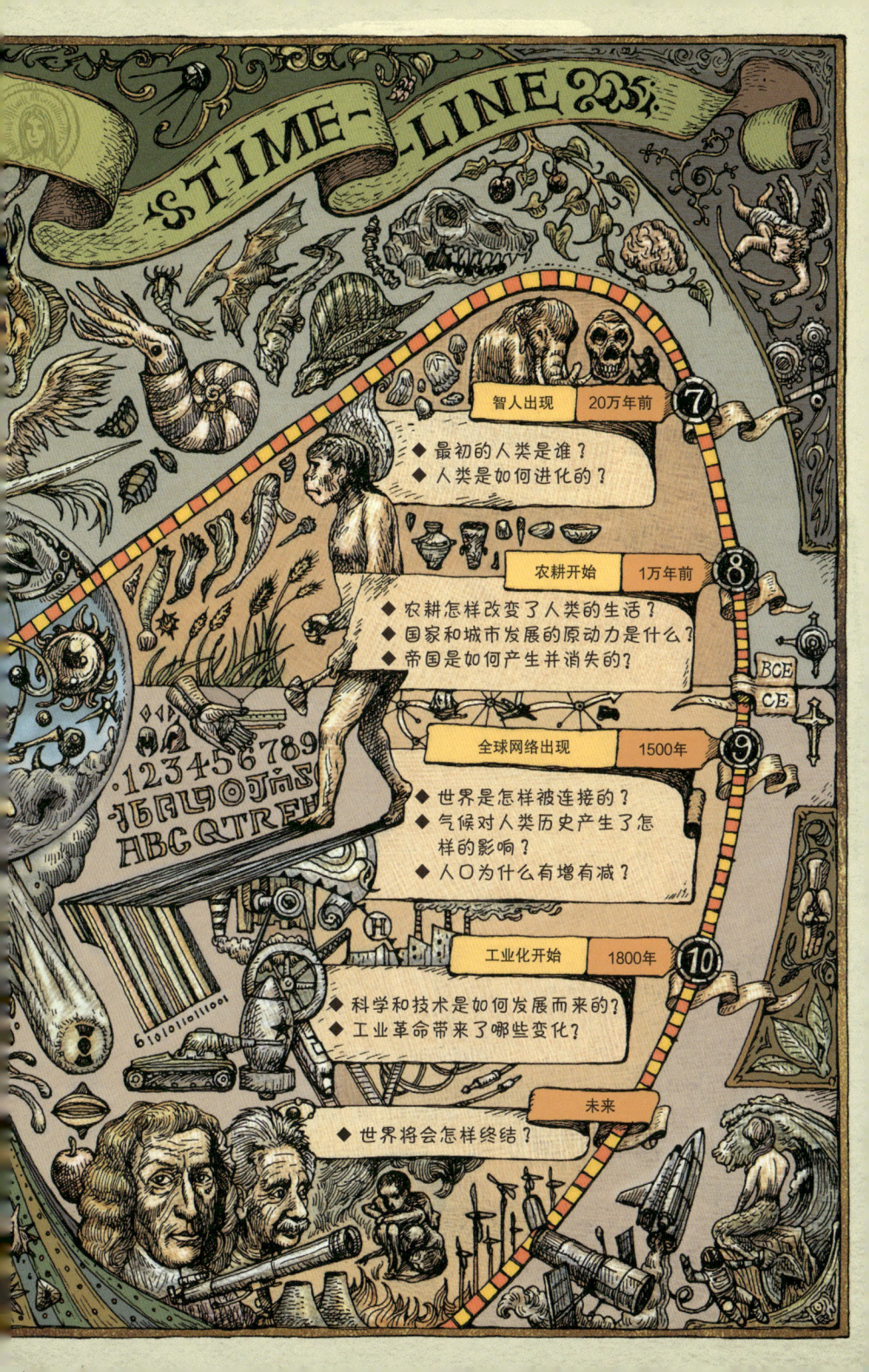

| 智人出现 | 20万年前 | ⑦ |

- 最初的人类是谁？
- 人类是如何进化的？

| 农耕开始 | 1万年前 | ⑧ |

- 农耕怎样改变了人类的生活？
- 国家和城市发展的原动力是什么？
- 帝国是如何产生并消失的？

| 全球网络出现 | 1500年 | ⑨ |

- 世界是怎样被连接的？
- 气候对人类历史产生了怎样的影响？
- 人口为什么有增有减？

| 工业化开始 | 1800年 | ⑩ |

- 科学和技术是如何发展而来的？
- 工业革命带来了哪些变化？

| 未来 |

- 世界将会怎样终结？

目录

引言　人口增长成愁，减少亦忧？　　1

1 从人口变化来看人类历史
人口是什么？　　7
人口规模经济学　　9
人口普查的历史　　15

2 导致人口变化的因素
人口增长策略　　27
根据环境变化的选择和适应　　38
社会变化与人口大迁移　　43
人口政策　　48
技术的发展　　52

拓展阅读

马尔萨斯的《人口论》　　21

4

工业化,人口剧增

人口增长和工业化　　70

离乡进城,大型都市的双面孔　　80

3

农耕时代,人口逐渐增加

狩猎-采集者变农耕者　　59

农耕共同体的形成　　62

大饥荒和救荒作物　　85

5

席卷整个人类社会的传染病

禽流感，人类自找的病毒的反击　　99

1918年流感，比战争更具破坏性的传染病　　103

霍乱，战争和工业化培育出的"死亡化身"　　109

黑死病，历史上最严重的灾难　　116

天花，灭绝两大帝国的传染病　　120

防止传染病的努力和人口增长　　127

拓展阅读

细菌和病毒　　138

6

世界人口将如何变化？

预测人口变化的方法　**145**

人口增长和人口减少，究竟哪个才是问题？　**148**

100亿人共同生活的地球　**153**

从大历史的观点看"人口爆炸和传染病"　**161**

引言

人口增长成愁，减少亦忧？

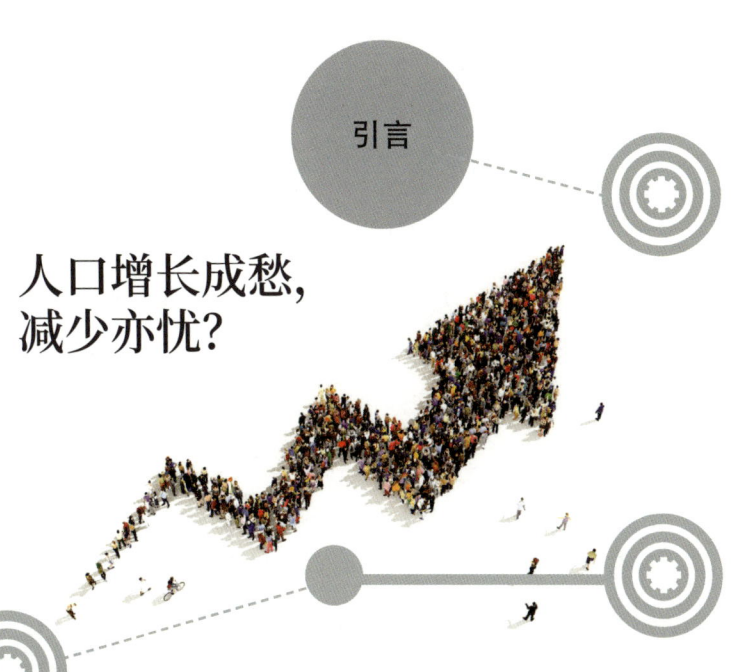

据韩国国家统计局统计，2016年新生儿为40.63万名，比2015年减少了3.21万名，一年间下降幅度约为7.3%。自1970年开始进行出生统计以来，2016年的新生儿数量是最少的。据统计，2016年每位女性一生所生的孩子为1.17名，比前一年下降5.6%。产妇的平均年龄每年都创新高，2016年是32.4岁，比前一年增加0.2岁。

通过新闻报道传递的信息，可以预测到，韩国的人口今后将持续减少。不过30年前，政府还在宣传计划生育政策"只生一娃，幸福全家"，如今却站在人口锐减的悬崖边，不得不为提高出生率而煞费苦心。

回顾过去半个世纪，可以发现，导致韩国人口变化的因素在相当短的时间内经常发生变化。朝鲜战争结束的

20世纪50年代，韩国的主要产业是农业。发展农业需要劳动力，因此多生小孩是有利的。到了60年代，实施工业化的大都市开始吸收农村的剩余人口。70年代，计划生育的重要性显现，于是80年代，国家开始实施计划生育政策。一进入90年代，以农村为中心的跨国婚姻增多，外国劳动者进入低收入劳动市场。

从中可以看出，韩国的人口变化主要表现为：20世纪五六十年代，朝鲜战争以后人口激增的"婴儿潮"，工业化推进导致的城市人口激增的"离乡进城"现象，城市再开发引起的"城市难民"现象，等等。20世纪70年代至80年代，政府实施的计划生育政策、重男轻女思想、性别比例失衡、向德国和中东输出劳务等主导了人口变化。自20世纪90年代至今，因出生率急剧下降、人口结婚年龄持续增高导致政府开始实施鼓励生育政策，以农村为中心的跨国婚姻的增多和外国劳动者不断流入使多元文化家庭持续增多，以及人口老龄化是主要的人口现象。

这种人口现象是世界普遍现象，还是韩国特有的现象？不仅是韩国，整个世界的人口变化今后会朝着怎样的方向发展，又会以怎样的速度发展呢？还有，这种人口变化趋势会持续吗？

要解答这些问题并非易事。但是，一方面人均国民总

引言 人口增长成愁，减少亦忧？

收入偏低的国家依然在经受着人口过剩的问题，另一方面先于韩国实施工业化的欧洲国家为恢复出生率付出了极大的努力。参考他国的经验教训似乎能找到解决上述问题的一些线索。即，如果能正确认识过去世界共同出现的人口变化模式和规律，就可以像马尔萨斯那样预测未来的人口变化。

在探讨宇宙和地球的大历史系列丛书中，为什么要把人口的增减选为主题之一呢？人类登上地球历史的舞台时间尚且短暂。不仅如此，还存在体型远远大于人类的爬行动物和哺乳动物，尽管它们无法抵御细菌（真菌）。

这是因为人类创造了工业化体系。工业化以后，人类使用的能源与其他生命体相比急剧增多。深埋地下的煤炭和石油等能源经人挖掘开采投入生态系统，使地球环境受到极大影响。这种变化时期被称为"人类世"（anthropocene）。在伴随工业化开始的人类世中，人类对其他物种的影响高于以往任何一个时期。从人口学的观点来看，人口增加了，容纳增加人口的空间和地球资源的消耗量相应增加，随之增加的人类活动也会把地球的生态系统引向一个特定的方向。多个物种的灭绝、全球变暖、臭氧层的破坏等，都是人口增加引发地球生态系统变化的典型例子。过去，地球环境决定了人口增减，但现在，人口增加成了改变地球环境的变数。

人口过度增长会成为问题,同样,过度减少也是问题。人口变化会对我们的社会和地球环境产生怎样的影响呢?让我们一起了解人口增减的趋势,共同展望人类世的未来吧。

1

从人口变化来看人类历史

最近有一档韩国电视节目邀请了参加朝鲜战争的菲律宾老兵,对他们的付出表示感谢。半个世纪后重新踏上这片土地,这些白发老兵看到人头攒动的都市,感慨万千。他们正好亲眼见证了工业化以前和人口急剧增长以后韩国的历史。

离开遭受战争破坏的废墟半个世纪后,他们重新回到这里,见证了巨大城市的诞生。那么,究竟是什么让这些巨变成为可能呢?

人口是什么?

人口是指生活在一定地区的所有居民。因为包括在该地区生活的外国人或其他民族,所以人口的意义不同于公民、人种、民族等概念。即便是该国公民,如果不在该地区居住,那么就不被统计在人口数量之内。所以,居住在海外的拥有韩国国籍的韩国人不计入韩国人口,而在韩国的留学生或外籍讲师等都计算在韩国人口之内。

通常情况下,人口表示的是该地区人口自然增减和社会增减的综合。自然增减体现出生人数和死亡人数的差额,社会增减体现人口流入和流出的情况。随着时代的发展,在不同的国家,人口的构成和形态不断变化。考察一个地区从过去到现在的人口增减、人口流动、人口结构等,就可以看出该地区人口变化的特征。

人口的构成是在特定时间掌握某一地区的人口状态,可以表示为多种构成要素。人口的构成要素包括性别、年龄、人种等自然要素,居所、婚姻状况、学历等社会要素,国籍、语言、宗教等文化要素,以及职业、劳动力等经济要素。人口的构成可以作为制定国家政策的参考指标,能够为企业的生产活动提供重要信息。

人口迁移指的是人口从一个地区转移到另一个地区的现象,这源于自然、经济、文化、地理等多种因素。根据迁移形态,可以划分为单身迁移、家庭迁移、集体迁移等;根据迁移地区,可以分为地区内迁移、城市和农村间的迁移、城市间的迁移、国家间的迁移等；根据迁移时间，可以分为定期迁移、季节性迁移；根据迁移目的，可以分为工作迁移、随亲迁移、就学迁移等。在工业化以前，因工作调动而引起的单身迁移或者以家庭为单位的离乡进城现象尤为突出。但是，工业化以后，随着城市人口的剧增，离乡进城形态的人口由居所迁移转换为时间性迁移，同时上下班的移动也成为主要的人口现象。

最近，为逃离战乱地区或因经济往来，国家间的人口迁移频频发生。2011年，叙利亚发生内乱，截至2015年，有430万以上的难民逃往邻国，在这个过程中引发了各种国际问题。为脱离贫困而进行的人口迁移在世界各地持续不断发生。为从墨西哥偷渡到美国，青少年冒着生命危险坐在"野兽号"（La Bestia）货运列车车顶的现象越发严重。

人口规模经济学

香蕉属于营养繁殖性植物，因此，只要把切断的茎插在地上，就能长出和原植物基因完全相同的果实。在香蕉的多个品种中，我们比较喜欢吃的是卡文迪许（Cavendish）香蕉（华蕉）。它细长无籽，抗病虫害能力强，品种好，全世界种植的香蕉中95%都是这个品种。

感染巴拿马病的香蕉林

巴拿马病是发生在香蕉上的传染病。20世纪50年代种植的大麦克香蕉（Gros Michel）因感染巴拿马病而生产中断。之后人们主要种植能抵抗巴拿马病的卡文迪许品种，但2010年，该品种也开始感染巴拿马病，全世界的香蕉生产遭遇危机

但是，这个品种却在2010年感染了一种叫作"巴拿马病"的传染病，除了一小部分地区外，几乎销声匿迹了。造成这种悲剧的原因就在于"品种的单一性"。生物物种如果没有多样的遗传因子，遇到哪怕是一种传染病，也会遭遇灭种的危险。

值得庆幸的是，随着人口的增加，人类一直保留着一定规模的"基因库"。在这种"基因库"中，有很多人通过基因突变和自然选择得以进化，有着多样的遗传基因。因此，即便遇到诸如传染病之类的外部冲击也不会瞬间灭亡，部分适应环境的遗传因子会生存下来。也就是说，从生物学角度看，人口增加就意味着适应环境变化能力和进化的多样性的增加。

接下来，让我们看看人口密度和变化所具有的社会意义。"一个地区的人口数量"和"人口增长的速度"是该地区的政治、经济、文化增长速度的重要指标。只有拥有一定数量以上的人口，才能为建设房屋、道路、城市、桥梁、港口、运河等提供充分的人力资源。密集的人口结构是该地区资源得以有效利用的最有力证据。

人口压力在人类把整个地球拓展为居住空间方面做出了重要贡献，并且在全球范围内将人类从狩猎-采集阶段转变为农耕阶段方面发挥了决定性作用。在剩余产品不多的狩猎-采集时代，人口只能在有限范围内增加。但是，随着农耕生活的开始，人口增长速度加快。随着人口的持续增加，农耕技术和冶金技术不断发展，社会的复杂性增加了。这些变化为城市和国家的形成提供了契机，以便更加有组织地供养密集的人口。

在由家庭或家族形成的小集团中，也存在调节相互利害关系的最基本形态的政治活动。在以狩猎-采集为生的家族组成的亚马孙集体中也能看到这种政治痕迹。比如，共同打猎结束后，集体中的男人们要花很长时间分发猎物。拥有分发猎物权的人要仔细考量所有成员的具体情况。

让我们进一步扩大共同体。人口密度增加，剩余产品变多了，就产生了有效利用人力、物力资源的需求。在这种情况下，单靠家族会议难以调节相互间的利害关系，因此需要有效管理人口的稳定的政治组织。随着农耕社会的稳定和定居生活的持续，不需要亲自参加生产活动的人就开始担当这种角色。于是，以族长或祭师为代表的政治组织首领开始维持共同体的秩序。

共同体形成初期自发建立的政治组织随着时间的推移，强化了自己的统治。其利用积累的财富获得权力或自我神化，逐渐形成统治阶层。结果就出现了政治组织统治大多数人的现象。

众所周知，在城市和国家形成初期就存在这样的统治阶层。之后，国家利用各种方法统治人口，社会依靠组织体系得以维持。现代社会的政治组织依靠计划生育、鼓励生育等政策来管控人口。

1 从人口变化来看人类历史

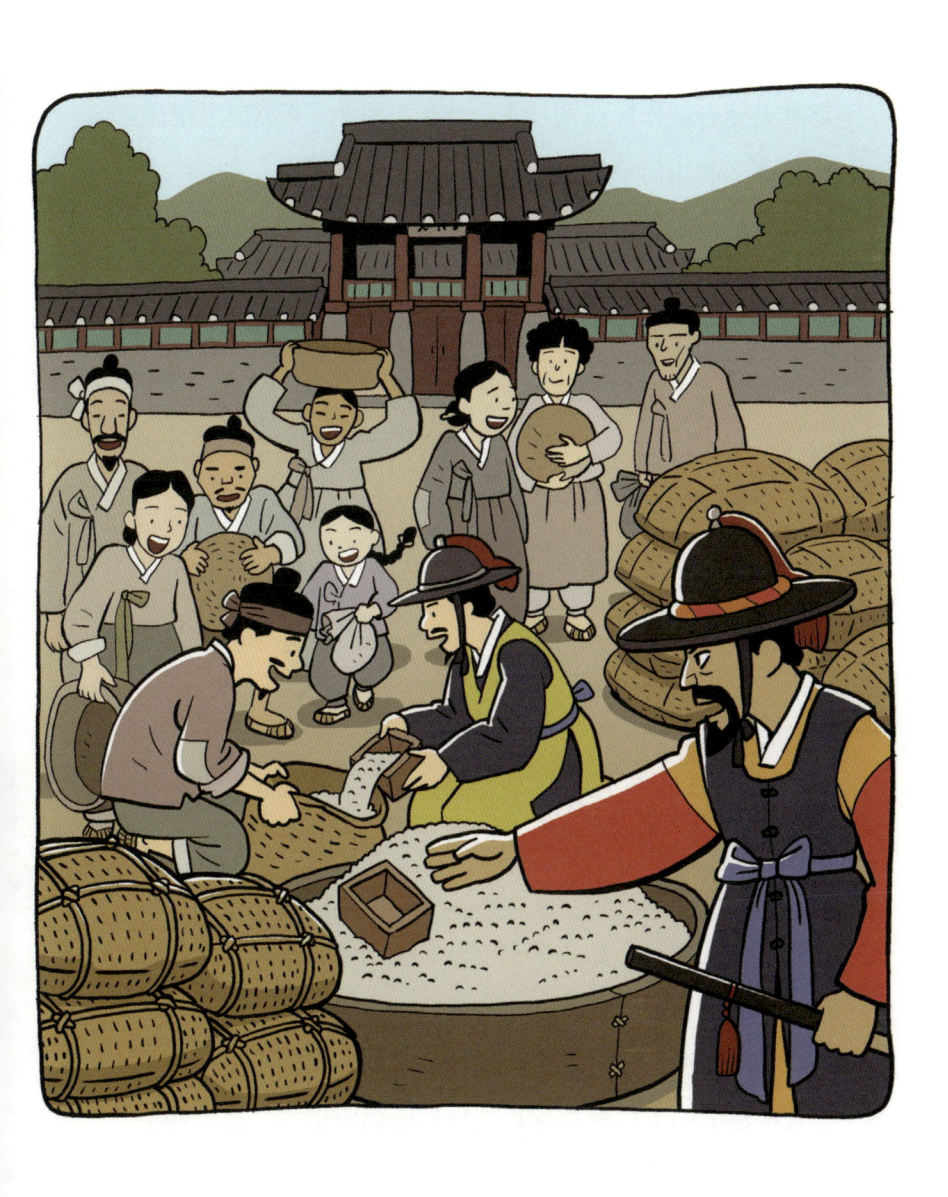

在现代社会，人口规模成为经济活动的重要指标。假定某人拥有制作面包的技术。如果只是为了给家人做面包吃，那么利用简单的器具就可以独自完成任务。如果要把面包卖给他人会怎样呢？那就需要一台能一次性烤很多面包的大烤箱。如果保证了面包的味道，那么接下来要考虑的就是"有没有人买"。如果烤出了面包却没人买，就没有必要购买大烤箱了。

因此，追求利润的企业为了开一家面包店，应该选择人口密集的城市中心，而不是选择人口规模小而又安静的农村小镇。要想充分利用资源，促进生产，建立良好的体系，就需要某种程度密集的人口。全世界所有城市中，流动人口最多的地区房价最高，这就是最好的证明。

一个地区人口增加的话，入驻那个地区的企业就会展开新的业务，或者加强先前的业务。也就是人口规模会吸引投资和加速经济增长。相反，人口增长停滞或减少则会导致经济低增长。高人口密度是繁荣的基本指标，也是经济增长的动力。

一般来说，通过制造业发展经济的发达国家都通过一般水平以上的人口规模来稳定地运营内需市场。最近经济增长率急剧上升的中国和印度也都保持着世界人口大国的地位，这也能间接地看出人口规模对经济的影响。

人口普查的历史

据说,最早的全国性人口普查大约于公元前 3600 年发生在古巴比伦。但是,只是传说巴比伦实施过人口普查,并没有留下记录。

世界最早记录的人口普查发生在罗马帝国和中国的汉朝,但当时的人口普查是为了征税和征兵,所以女性、老人、儿童被排除在外。因此,包括女性、老人、儿童在内的总人口有多少,帝国的外围生活着多少人,对这些信息一无所知。只是根据相应地区的社会经济资料和在教会接受洗礼的名单,再考虑人口增长率,对当时的人口状况做些简单的推测。

刚刚说过,国家的人口普查大都是为了征税和征兵。下面我们看看具体情况。

罗马帝国的人口普查

国家规模的普查被称为"census",这是罗马人口普查的英文写法。罗马共和时代,每五年就要动员监察官(censor)实施一次人口普查。当时的人口普查记录一直保存到奥古斯都帝政建立前,即从共和时代到帝制时代的过渡期——元首制时期。

罗马实施人口普查的目的就是征税。因此，并不像今天这样全面普查人口。它主要以成年男性和缴纳税金的罗马市民为对象。罗马通过人口普查确保了财政，并加强了军事力量，为罗马从城市国家成长为支配地中海的大帝国打下了基础。

中国汉朝的人口普查

根据《汉书·地理志》记载，汉平帝元始二年（公元2年），汉朝103个郡国及其所辖县地约1 200万户，有6 000万人口。这是现存最早的人口统计记录，是由地方下级官吏收集人口资料统计完成的。当然，这些包括当时交趾郡的约100万人口，以及当时乐浪郡、玄菟郡的约60万人口。如果加上漏记的人口，可以说，当时的中国人口肯定远远超过6 000万。

近代人口普查

近代人口普查方法是从17世纪以后开始发展的。在此之前虽然做过人口、纳税者、贵重物品等的调查，但是方法和目的与今天大相径庭。其中最重要的一个区别就是，以前是为了管理特定人群——比如，纳税者、参军人

罗马的人口变化史

年度	人口数	年度	人口数
公元前 204 年	21.4 万	公元前 147 年	32.2 万
公元前 194 年	14.3704 万	公元前 142 年	32.7442 万
公元前 189 年	25.8318 万	公元前 136 年	31.7933 万
公元前 179 年	25.8794 万	公元前 131 年	31.8823 万
公元前 174 年	26.9015 万	公元前 125 年	39.4736 万
公元前 169 年	31.2805 万	公元前 115 年	39.4336 万
公元前 164 年	33.7022 万	公元前 86 年	46.3 万
公元前 159 年	32.8316 万	公元前 70 年	91 万
公元前 154 年	32.4 万	公元前 28 年	406.3 万

公元前 70 年，人口增加到 91 万，但并不是自然人口的增加，而是因为原本只赋予罗马人的市民权，后来扩大到整个意大利半岛。据推测，公元前 28 年，人口超过 400 万，是因为调查对象不限于成年男性，包括了所有人口，对之前漏记的人口也进行了补充

员、服徭役者——实施人口普查的。另外，不对所有人口进行调查，也不做抽样调查，只对家长或已满征兵年龄的男子等特定人群进行人口普查。

被列入联合国教科文组织的《世界记忆名录》的《1703 年冰岛人口普查》是冰岛实施的第一次全国人口普查记录，也是世界历史上最悠久的实名人口普查，每个人

冰岛人口普查

冰岛国家档案馆所藏的《1703年冰岛人口普查》。受丹麦王弗雷德里克四世委托,哥本哈根大学教授玛格努逊和冰岛行政长官威达林在1702年至1703年进行了人口普查。他们以全国居民为对象进行人口情况总调查。1703年,两人把人口普查结果提交给了议会。根据当时的调查,1703年冰岛的总人口超过5万

的姓名、年龄、社会地位等都被详细记录。这项普查对于人口研究史具有重要意义。

1666年加拿大的新法兰西实施的人口普查也值得一

托马斯·马尔萨斯

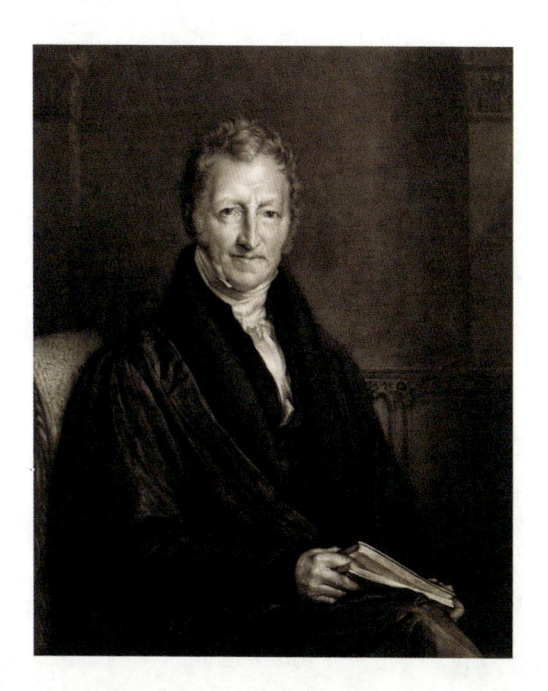

英国著名经济学家马尔萨斯。1798 年，他出版了专著《人口论》，提出人口增长速度远远超过粮食生产速度，因此造成了贫穷、饥饿、社会弊病。他认为国家不应该干预个人的私生活，而应该由个人自觉晚婚少生，根据家庭抚养能力生育子女

提。但是，新法兰西的普查总人口不过 3 200 名，只是统计了居住在殖民地的法兰西居民。丹麦王国在 1769 年第一次实施了人口普查，但当时只是统计了总人口的数量，

并没有像1703年冰岛人口普查那般详细。大部分欧洲国家全面实施人口普查是19世纪初期的事情了。

1787年夏天，由西班牙大臣弗洛里达·布朗卡下令开展的人口普查就是国家层面实施的近代大规模人口普查了。当时统计的西班牙人口共1 040万。1790年，美国依据宪法第一条也实施了人口普查，当时美国总人口约390万。

之后，人口普查在全世界范围内展开，主要是受到了托马斯·马尔萨斯的《人口论》的影响。随着对人口的越发重视，英国在1801年实施了人口普查，欧洲其他国家也开始效仿。

在世界各国的人口普查开展得如火如荼之际，1885年，国际统计学会（ISI）决定以1900年的同一天为基准，所有会员国共同开展人口普查，并且固定尾数为0或5的年份实施人口总普查。根据联合国统计局的报告，2010年，世界共有214个国家和地区实施了人口普查，全世界93%的人口被登记在册。

拓展阅读

马尔萨斯的《人口论》

关于人口增长的各种见解和理论在工业革命之前就已经存在了。16—18世纪，欧洲的重商主义者认为金银和货币量决定国家财富，因此，试图通过对内奖励工商业，对外在国家保护下出口本国产品以积累财富。产生这种思想的原因是，战争、黑死病，以及干旱导致的饥饿使人口大幅减少。

中世纪转向近代过程中出现的重商主义认为，提高生

人口增长
人口增长指的是在一定时期人口规模的变动情况。人口增长既包括人口增加，也包括人口减少。

黑死病
黑死病又叫"鼠疫"，是由鼠疫杆菌引起的急性传染病。14—17世纪在欧洲暴发并大流行。因感染该病后皮肤上会出现黑色的斑点而得名"黑死病"。

产力的最关键因素就是劳动力,所以重视人口增长。人口增长,劳动力增多,佣金就会下跌,从而可以提高国际竞争力。国际竞争力的提升促进贸易顺差,金银流入,国家就会积累财富。在重商主义占主导地位的时期,国家干预严重,贯穿所有经济领域,认为牺牲占国民绝大多数的农民的利益理所当然。为反驳这种思想,18世纪后期,重农思想登场。

重农主义把农业看作唯一的生产性产业,国家的财富源泉在于农业。重农主义思想家尽管也希望人口增长,但是为了人口稳步增加,提倡通过扩大农业生产来解决劳动者的各种困难。他们认为与其国家强制增加人口,不如提高劳动生产力,增加国民收入,如此一来,人口就会自然增加。

《人口论》的作者马尔萨斯生活在18—19世纪,英国当时是"世界工厂",先于其他国家经历了工业革命,在19世纪中期,一跃成为领先世界的工业强国,掌握了世界经济的霸权。1860年,世界制造业生产量的20%都出自英国。

马尔萨斯的人口法则

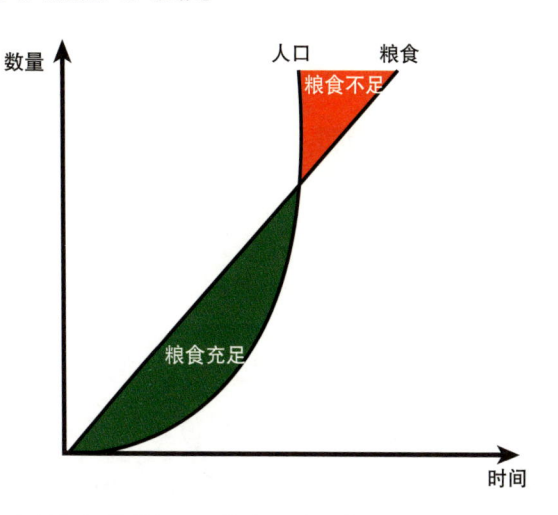

人口以几何级数增长,而粮食只会以算术级数增加,结果导致粮食不足,人类陷入贫困

　　为了提高羊毛的产量,英国发起了抢占农民私有地的圈地运动。农民失去了土地,纷纷涌入城市,成为贫民阶层。随着人口的增加,对粮食的需求越来越大,但是,农耕土地逐渐减少,生产羊毛的农场却不断扩大。而且,1815年《谷物法》开始实行,禁止进口谷物,以此维护大地主们的利益。于是,消费者

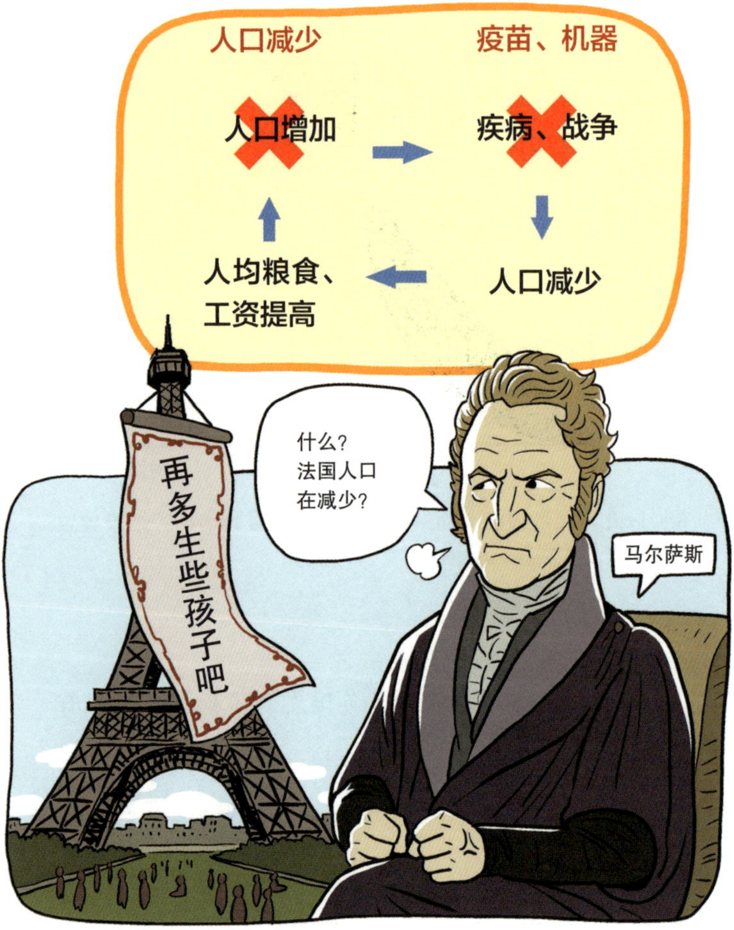

人口减少
疫苗、机器
人口增加
疾病、战争
人口减少
人均粮食、
工资提高
再多生些孩子吧
什么？
法国人口
在减少？
马尔萨斯

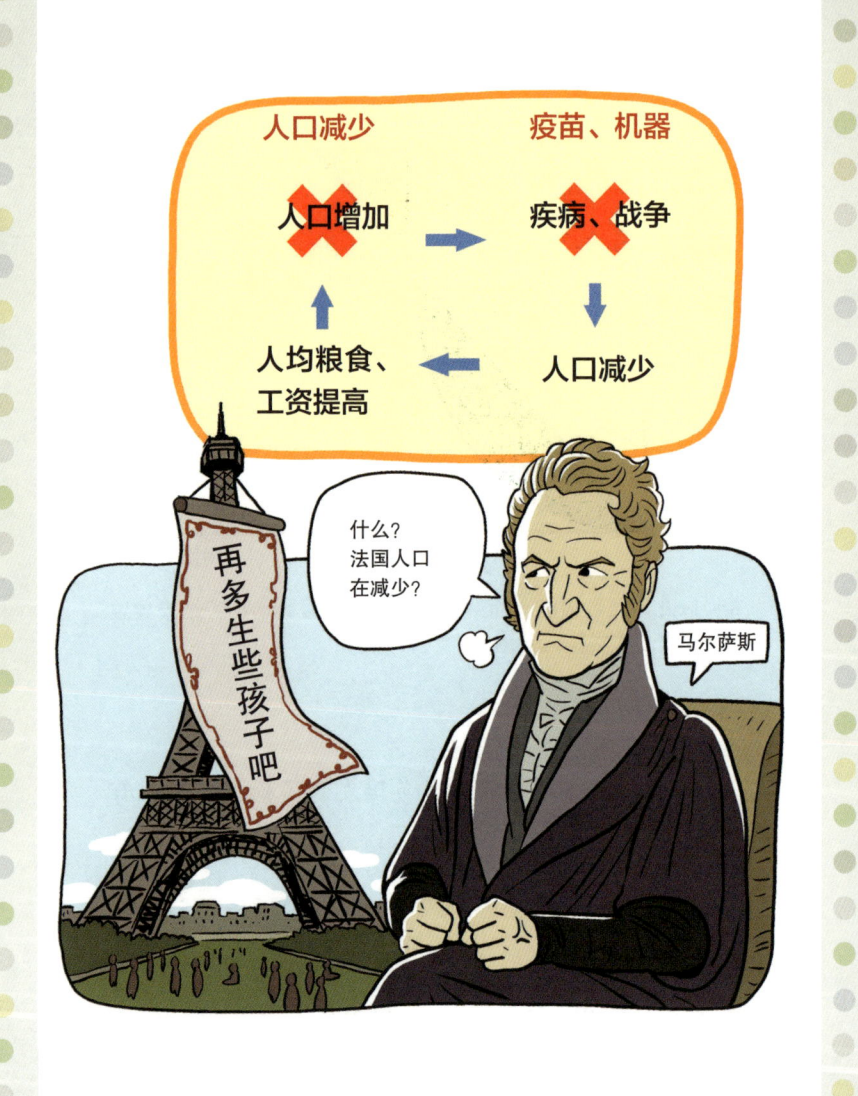

不论丰年凶年，只能高价买面包吃。因为涌入城市的贫民增多，工资水平越发低下，形成恶性循环。

在这样的时代背景下，英国经济学家马尔萨斯开始关注贫穷和人口增长问题。1798年，马尔萨斯通过自己的著作《人口论》提出，如果人口不加以限制，就会以几何级数增长，而粮食只会以算术级数增加。他认为，以当时的农耕技术水平，在有限的耕地上所生产的粮食是有限的，因此，和人口增长不同，产量的增加和土地面积是成比例的。而且，人口增长会引发疾病或战争，导致死亡率提高，从而人口将再次减少，人均可消费的粮食和工资将提高，如此形成了"马尔萨斯循环"。

马尔萨斯担心粮食产量的增加如果跟不上人口增长，贫穷和犯罪就会增多，最终会造成社会崩溃。战争、疾病、饥饿等能提高死亡率，从而抑制人口增长，属于积极抑制法；降低出生率也可以抑制人口增长，属于预防性抑制法。马尔萨斯主张通过预防性抑制法减缓人口增长。他强调，尤其要降低贫民阶层的出生率，教育贫民晚婚或者少育。

19世纪70年代后期，马尔萨斯的这些主张遭到道德上的猛烈批判，引起轩然大波。而且，随着工业化以后技术的发展，粮食产量急剧增加，马尔萨斯循环论的局限性凸显。

　　事实上，和工业化以前的时代不同，随着科学技术的发展和社会的繁荣，两极化现象越发严重。即经济发达国家出生率降低，出现人口减少问题。相反，经济落后国家因为人口暴增，产生饥饿问题。如今，亟须一套新的人口理论，能够诊断并解决当前的人口问题，包括能源枯竭问题、环境问题、老龄化现象等影响人口的多种因素。

2 导致人口变化的因素

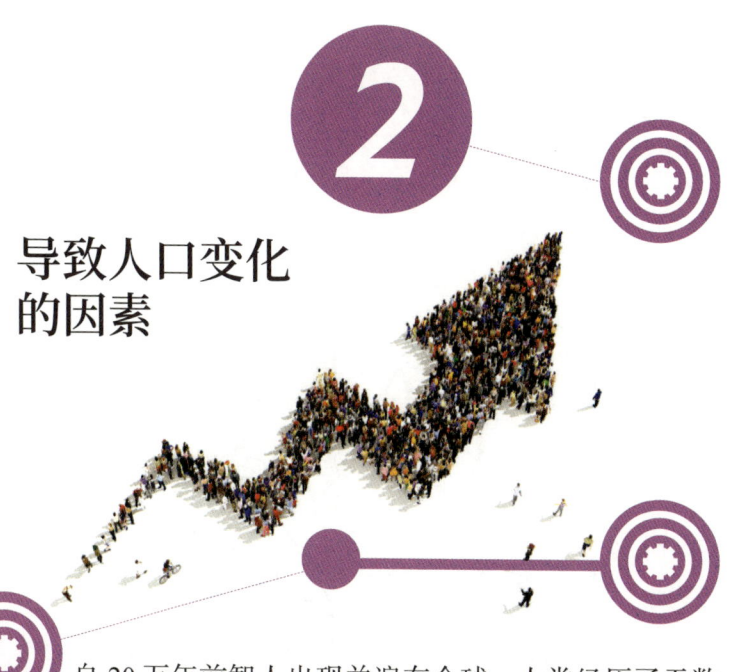

自 20 万年前智人出现并遍布全球，人类经历了无数危机，但最终生存下来，人口持续增长。预计不远的将来，全世界人口会达到 100 亿。人类作为单一物种在过去 20 万年间个体数量不断增加，其背后是否存在着与其他生命体不同的特殊生存秘诀？

在不断变化的环境中，人类选择的人口增长策略是什么呢？影响人口增加或减少的因素有哪些呢？

人口增长策略

旧石器时代人口有 100 万，新石器时代有 1 000 万，青铜时代有 1 亿，工业革命时代有 10 亿，预计 21 世纪中

多生策略

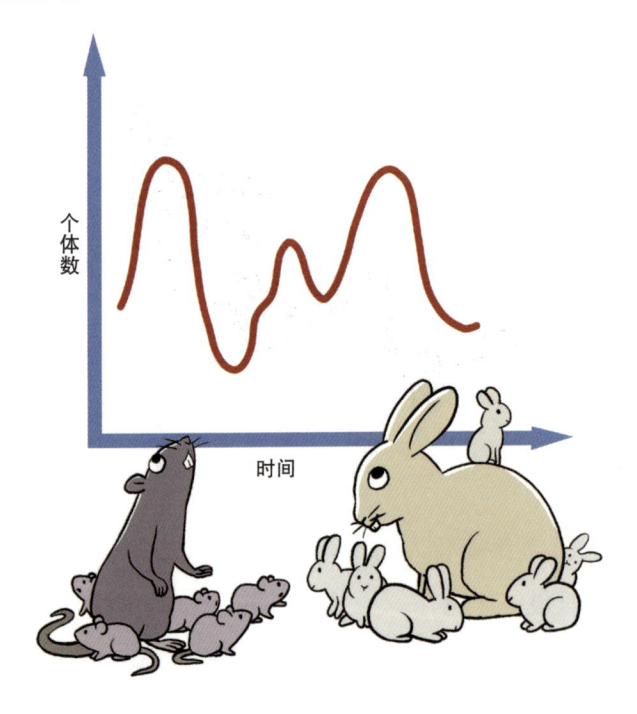

兔子、老鼠等体型小的哺乳动物的个体增长率很高（繁殖能力强），并在与周围环境保持动态平衡中反复出现有规律的增加和减少。它们体型小，寿命短，孕期短，生育间隔短，世代交替快。潜在的个体增长率较高

期将达到 100 亿。从这些数据看，人口似乎随着时间的推移持续增加。但是在人类历史上，人口有时增加，有时减少。这种变化难以用一两个原因解释清楚。那么，人口增长与其他生命体个体增长有何差别呢？

昆虫和鱼类，还有一些小型哺乳动物采取"多生策略"。生活在不稳定环境中的动物以多生后代来提高生存概率。这跟多买彩票提高中奖概率的道理是一样的。

一般是体型小的动物采取"多生策略"。这些动物大体上寿命较短，世代交替快，孕期与生育间隔较短，一次可以生多个后代。物种的个体数会反复出现激增和骤减。

另外，体型中等或大型的哺乳动物和几种鸟类则选择"优生策略"。其虽与竞争对手、掠夺者、寄生者共同生活，但生存环境相对稳定，可以把时间和精力花在养育为数不多的后代上，以便提高生存概率。"优生策略"适合大型动物。其一般寿命长，世代交替长，生育间隔长，所生后代数量少。此时物种的个体数的增减表现为逐渐增加的模式。人类在进化过程中选择了"优生策略"。

那么，选择人口逐渐增加的"优生策略"的人类是如何做的呢？

首先来看一下人口增长率的计算方法。可以用简单的数学公式来说明人口变化。在给定的时间（年度），人口数（P）会因出生人数（B）和死亡人数（D）而变化。如果不考虑迁移，给定的时间内人口变化（dP）如下：

$$dP = B - D$$

优生策略

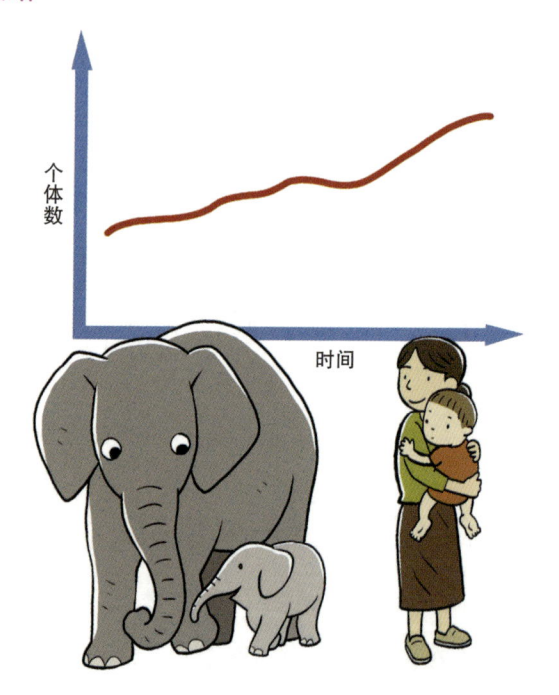

像大象、人类这样少生崽的哺乳动物体现出与环境变化同步的个体增长率，在与周围环境保持稳定的平衡中不规律、缓慢地变化。它们体型大，寿命长，孕期长，生育间隔、世代交替较长。潜在的个体增长率较低

那么，人口增长率（r=dP/P）就等于出生率（b=B/P）减去死亡率（d=D/P）。即

$$r = \frac{dP}{P} = b - d$$

假设一年内每1 000人中出生20人,每1 000人中死亡15人,人口增长率便如下:

$$出生率(b) = \frac{出生人数(B)}{人口数(P)} = \frac{20}{1\,000} = 0.02$$

$$死亡率(d) = \frac{死亡人数(D)}{人口数(P)} = \frac{15}{1\,000} = 0.015$$

人口增长率(r)=出生率(b)-死亡率(d)=0.02-0.015=0.005

计算得出,该地区人口一年增长了5‰。

过去狩猎-采集时代和农耕时代的人口增长率并无太大差异。狩猎-采集时代,人们从周围环境获得生存所需的食物,因此需要不断移动。由于经常更换居住地,在第一个小孩会走路之前很难再生第二个小孩。因此,生育间隔较长,子女数也较少。与此相反,到了农耕时代,普遍开始定居生活,养育子女数也逐渐增加。此时因为没有必要移居,并且可以用栽培的作物做营养食给小孩吃,从而缩短了哺乳期和生育间隔。在农耕时代,人口明显剧增,但整体人口增长率却未提高。其原因是,随着定居在一定地区,人口密度增加,再加上因家畜引起的介水传染病(水源性传染病)的发病和急速扩散,导致死亡率急剧上

人口转变阶段

人口转变理论是由过去 200 年间西欧所经历的人口变化过程演变而来的。人口转变理论有助于研究 20 世纪的人口问题。人口转变阶段模式只考虑人口的自然增减，按出生率和死亡率的变化，把人口增长分为四个阶段。由此可以一目了然地掌握发达国家和发展中国家的人口变化过程，以及经济水平和人口增长的关系。人口转变阶段模式是根据过去 200 年间西欧发达国家所经历的人口变化制作的。它展现了人口增长的四个阶段，第一阶段为高死亡率和高出生率导致的较低人口增长率（人口增长停滞），第四阶段为低死亡率和低出生率导致的人口增长停滞。每一个阶段的具体情况如下：

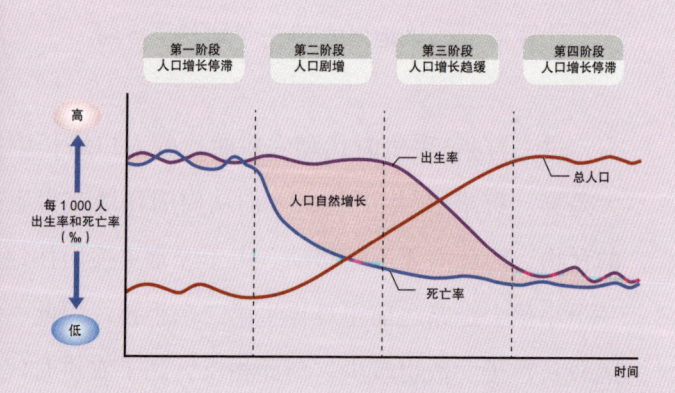

第一阶段：出生率高，但出于自然灾害、粮食不足等原因，导致死亡率也高，是人口增长停滞期。

第二阶段：由于生活环境的改善、医疗技术的发展，死亡率急剧下降，是人口剧增期。

第三阶段：由于女性社会活动增加、计划生育等，出生率降低，是人口增长趋缓期。

第四阶段：出生率和死亡率都较低，是人口增长停滞期，且人口老龄化现象严重。

升。相对而言，狩猎-采集者不养家畜，人口密度也不高，有效地防止了传染病的发病和扩散，因而死亡率较低。

仅凭数据资料，难以理解人口增长的具体原因。要深入了解人口增长率，还需要考虑出生率和死亡率外的变数。其一，一位女性在她可生育期间所生育的平均子女数。其二，出生子女的预期寿命。这些变数受到生物学因素和社会文化环境等的影响。

一般来说，一位女性能生育的子女数取决于生育期限（根据不同社会文化，大体看作15~25年）和生育间隔（一般在自然生育社会中是1.5~3.5年）。最少生育是指在最短生育期限内（15年）以最长的生育间隔（3.5年）生育子女，一般可以生4.3名。最多生育则是指在最长生育期限内（25年）以最短的生育间隔（1.5年）生育子女，一般可以生16.7名。但是，考虑到生殖能力等因素，生育间隔可能会变长，并且现实生活中很难有极端数据的组合，所以，一位女性一生能生育的子女数一般在5~8名。

另外，除了在现代社会，人类的预期寿命从未超过45岁，这是受到了较高新生儿死亡率和传染病等环境因素的影响。

在此基础上，我们探讨一下现代社会的家庭成员。一般家庭有1名或2名，最多3名子女。如果一对父母养育1名子女，一代人（30年）过后，人口会减掉一半。当然，

生育模式

平均子女数	特征	人口
16.7	生物学上的最大值	理论可能
11.4	过早结合 最短生育间隔	选择性群体
9	早结合 适度生育间隔	选择性群体
7.5	早结合 较长生育间隔	很多发展中国家
7	标准	
5	较晚结合 较长生育间隔	大多数欧洲人 （18—19世纪）
3	计划生育 （中覆盖率）	欧洲（整个20世纪）
1	计划生育 （高覆盖率）	现欧洲几个 人口群体、韩国

生育模式不按时间或进化论顺序发生，而可以在同时代不同人口群体中同时发生

子女 30 岁时，父母双亡的可能性不大，因此实际人口为 3 名。如果以一代人为单位推算，一个家庭有 2 名子女，可以维持人口现状；有 3 名子女，人口会增加 1.5 倍。再过 30 年，上述过程反复发生，如果养育 1 名子女，社会人口会减少；养育 3 名以上子女，社会人口会持续增加。

自人类出现以来，平均生育子女数为 5~6 名。那么，

世界人口的增长

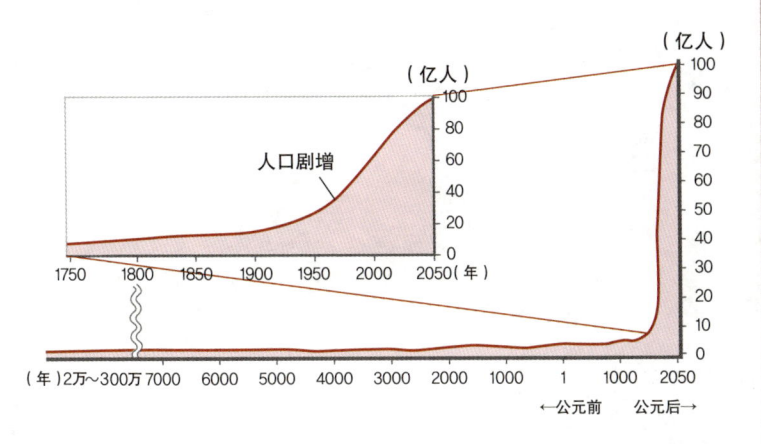

世界人口在相当长一段时间内几乎没有变化,但在工业化以后开始增长。20世纪50年代以后,随着医学的发达,人口剧增,到2017年超过75亿。按照现在的趋势,估计到2050年人口可能会达到100亿。

人口增长应该非常迅速。但是,在工业化之前,人口增长缓慢,有时还出现减少。那么,是哪些因素影响了人口的增减呢?

要想简单了解人口增减的原因,有必要先分析"制约"和"选择"两种机制。首先,"制约"是阻碍人口增长的被动的外部作用,包含气候、粮食、疾病、人口压力等。

2 导致人口变化的因素　35

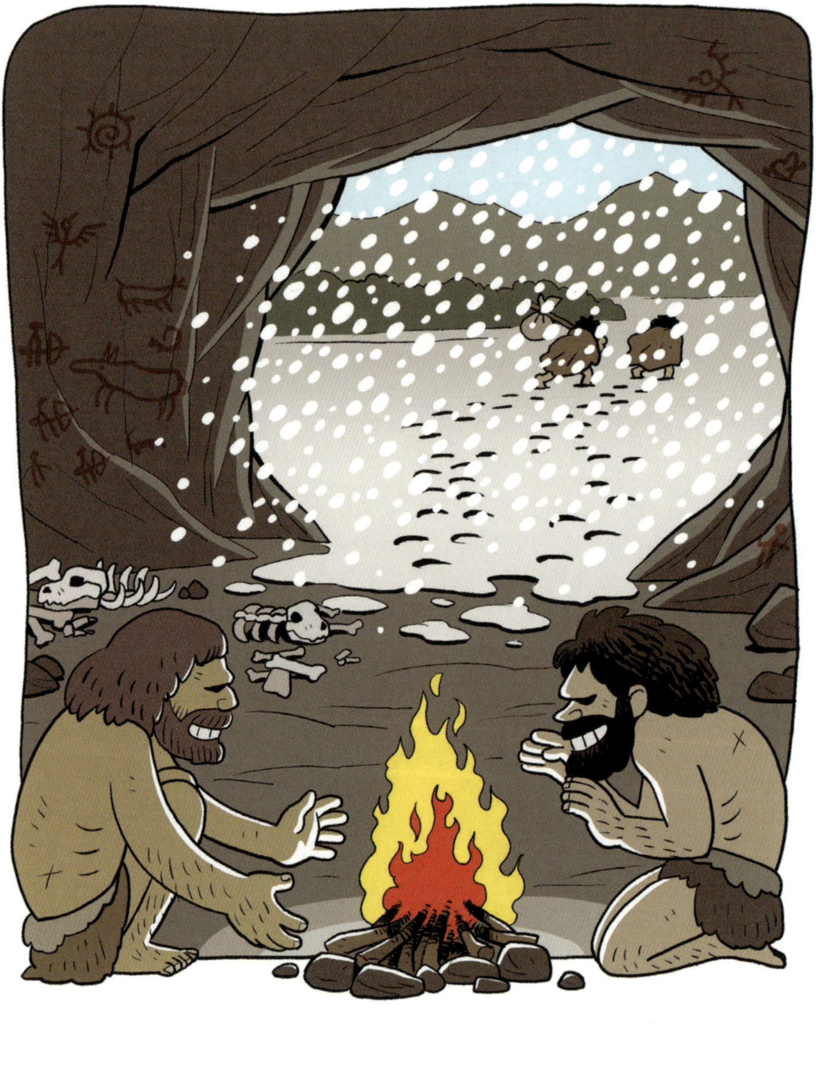

如果特定地区的气候恶化，导致环境不适合人类生存，那么人口就会减少。今天的撒哈拉沙漠环境恶劣，不适合人类生存，但是在7 500年前，那里土壤肥沃，养育着很多人。粮食也是如此。在有限的土地上产出的粮食无法养育一定规模以上的人口。因此，粮食不足是人口减少最直接的原因。传染病等疾病也是阻碍人口增长的因素。

但是，人类面对"制约"，总会通过特别的"选择"以增加人口。"选择"可分为两大类。一是移居。天气变冷就移居到暖和的地区，粮食不足就移居到粮食充足的地方。早期人类离开非洲大陆迁移到亚欧大陆和美洲大陆就是为养育增加的人口不可避免的"选择"。

二是"适应"。最简单、最被动的"适应"是人为控制人口。据历史记载，有避孕、杀婴等方式，最近是通过计划生育等方式控制人口数量。人类也曾选择过更加能动的"适应"，即技术革新。从狩猎-采集生活方式转变为农耕方式，由此克服粮食供给的制约，这是最典型的例子。再比如，传染性疾病通过检疫和疫苗来克服，时间和空间的制约通过发展网络和交通手段来克服。

人类在面对制约人口增长的自然环境变化和传染病时，通过移居或技术革新等克服人口减少。同大部分体型巨大的哺乳动物一样，人类选择了优生策略，虽然新生儿少,但能在安全环境中养育,从而实现了个体数缓慢而持续的增加,并成功适应自然环境。

根据环境变化的选择和适应

改变人类生存场所和方式的最大因素是地球环境的变化。最初人类出现在非洲东部,在非洲多种气候条件下以采集各种植物为生。在工业化之前,地球上 80%~90% 的人类都从事农业。因此,直接影响作物生长和产量的气候变化是人口增减的最大原因。

适应气候变化的社会和国家因人口增长而繁荣,而未能适应气候变化的社会和国家就会走向衰落。在当今社会,对气候变化的适应与否依然是关系国家存亡的最重要变数。那么,影响人口增减的地球环境变化有哪些呢?

末次冰期(9.6万—1.1万年前)结束后,地球开始逐渐变暖。湿地面积增加,大气中的温室气体甲烷等在全世界范围内增加。这一时期,地球气候迅速变暖,使得海平面也迅速升高。西伯利亚的部分狩猎-采集者移居北美大陆时曾经穿越的白令陆桥由于地球变暖冰层融

温室气体
大气中能引起温室效应的气体,如水蒸气、二氧化碳、甲烷、臭氧、氟利昂等。

图瓦卢

中太平洋南部小国，平均海拔不到 2 米。因地势较低，组成该国土的 9 个岛中有 2 个岛已沉入海底。持续上升的海平面导致土地贫瘠，人民无法耕种作物，连饮用水都极度匮乏。为防止浸水，图瓦卢采取了一系列措施，如筑造堤坝，种植有耐盐力的红树等，但仍无法摆脱数十年后整个国家沉入海底的悲惨命运。图瓦卢已经向周边国家提交了移民请求，据说目前还没有国家欣然答应

化而消失。

冰期结束后，地球的温度和湿度上升，气候变得稳定。大气中的二氧化碳增加，植物生长繁茂，粮食资源丰富，各地人口逐渐增加，这为狩猎-采集者转向农耕创造了有利环境。

没有相关资料记录那个时期的人口数。因此，只能通过密集居住地区的大小或人口增长率进行推算。据学者推算，当时人口大约有 600 万。虽然学者们对推算出的当时

人口的数值存在不同意见，但对人口迅速增长这一事实都毫无异议。

冰期结束后的地球并不是持续变暖。深海沉积物和冰川的证据已证实，在变暖的间冰期有数百年也反复出现过小冰期。反复出现的冰期改变了特定地区的气候，并强迫人类做出新的选择。

7 500年前到来的冰期导致非洲降水量减少，山林规模缩小，地下水也减少了。北非生态毫无遮拦地完全暴露在太阳下，不到数十年就变成了今天的沙漠，富饶的北非撒哈拉畜牧文明随着居民迁移到尼罗河流域也落下了帷幕。就在同一时期，移民沿着尼罗河形成了移民聚落，创造了古埃及文明。

冰期以后形成的三大圈
是指亚欧大陆、南北美洲和大洋洲三个区域。冰期期间，印度尼西亚从亚洲南部半岛变成由诸多岛屿组成的群岛。乘坐小船就可往返的印度尼西亚、澳大利亚以及巴布亚新几内亚之间的距离因地球变暖而加大。散居在世界各地的人类因海平面的上升在15世纪前就分化成在各自区域拥有不同历史的个体群。

研究表明，4 200年前，统治美索不达米亚地区的阿卡德帝国也因自然环境的变化而走向瓦解。依靠灌溉的新月沃地因冰期持续而发生旱灾。加上地区火山爆发，雪上

玛雅文明的消失

玛雅文明位于中美洲。玛雅人建造金字塔和城邦，把领域扩大到尤卡坦半岛。繁荣的城市人口密度达200人/平方千米。农业生产力的发展推动制造业和艺术的发展。但由于长时间不降雨，那里气候变得干燥、阴冷。沉积物记录表明，公元800年后，玛雅地区发生严重旱灾，之后500年间也会偶尔发生旱灾。长期的旱灾削弱了玛雅地区的农业生产力，导致大饥荒。挨饿的人们营养不良，免疫力下降，不少人死于疾病。冰期结束后，全球气候变暖，热带雨林复苏，随之出现了前所未有的大量蚊子。玛雅人不得不离开家园，移居南部。造成玛雅人神秘失踪的因素当然不止这些，但其中气候变化是瓦解玛雅文明最强有力的因素。

玛雅神庙位于奇琴伊察。比较知名的有卡斯蒂略金字塔（塔高25米）、"武士神庙"、"天文台"。玛雅神庙被列入《世界遗产名录》。

2　导致人口变化的因素

《雪中猎人》

这是 16 世纪荷兰画家彼得·勃鲁盖尔的作品。在勃鲁盖尔画的冬季风景中，有人在雪地里打猎，有人在结冰的湖面滑冰。16 世纪，欧洲因小冰期而持续寒冷，发生了严重的饥荒，很多人因此失去了生命。以前使用木材作为主要原料的人们，随着使用新的化石燃料——煤炭等，从而适应了环境

加霜，使得大规模农业文明古国阿卡德帝国最终走向灭亡。从北大西洋、非洲沿岸以及波斯湾沉积物中提取的 4 200 年前美索不达米亚的灰尘颗粒比现代沉积物中的颗粒大 5 倍，火山爆发 300 年之后流入大洋的灰尘量才减少

到现在的水平。大大的灰尘颗粒、厚厚的火山灰层、大规模的干燥和旱灾，考古学家从发现的这些事实中推测阿卡德帝国瓦解时的情况。

罗马帝国的瓦解引发的日耳曼民族大迁移也可以解释为因自然环境的变化所致。公元前 100 年到公元 400 年，日耳曼民族为躲避冰期而大举迁移。

最后一次观测到的冰期是 13—17 世纪的"小冰期"。当时的平均气温比现在低 1℃～1.5℃。气温较低的主要原因是太阳活动的减少和火山喷发。持续低温导致植物生长缓慢，作物栽培面积大量减少。歉收导致常年粮食短缺，人们备受煎熬。此时，世界人口持续减少，亚欧大陆发生的黑死病加速了人口减少。欧洲人口减少趋势非常严重，直到 18 世纪才缓慢恢复。

社会变化与人口大迁移

2015 年 9 月 3 日上午，在土耳其的旅游城市博德鲁姆，穆罕默德·吉弗罗警官和往常一样在工作。该地区温和的气候与清澈的爱琴海吸引着世界各地的游客。

吉弗罗警官接到报案，说有具尸体被海水冲上岸。他想可能只是单纯的溺水者，就淡定地来到了海边。但是，当他看到报案人指向的海边时，他的心咯噔了一下。海浪

淹没着头部，冲上岸的俯卧着的尸体竟然是三岁不到的小孩。他祈祷小孩仍有生命迹象，但是从小孩脸部半浸在水中来看，这是不可能的。

在跟随家人逃亡中不幸遇难的小孩阿兰·科迪的新闻瞬间传遍世界，舆论哗然，引起全世界对叙利亚难民问题的广泛关注，谴责欧洲难民政策的舆论也日益高涨。阿兰·科迪事件使包括德国在内的欧洲国家对现有难民政策变得开放。

叙利亚内战爆发的2011年3月至2017年，大约490万难民逃离故乡，亡命天涯。就在这一刻，依然有很多人为了躲避政治、宗教引发的战争，在逃亡中不幸丧命。7 700万人至今居无定所，成为难民。

当今世界的人口迁移主要来自社会内部问题，如就业、战争、饥荒等；而之前，特定地区大规模人口迁移主要来自气候变化、自然灾害等"自然环境变化"和"人口压力"。从17世纪20年代开始，为了逃避宗教迫害的清教徒和追求梦想的探险家在美洲大陆定居，拉开了社会变化引发人口大迁移的序幕。19世纪以后，美国从英国独立后，欧洲人为寻求经济机会，掀起了三次从欧洲到美

叙利亚难民的迁移

根据2015年联合国难民署的资料，从叙利亚逃亡到邻国的难民数已超过400万。土耳其、黎巴嫩、伊拉克、约旦、埃及等国家也接收了叙利亚难民。2016年欧洲全域发生恐怖袭击后，反难民情绪和反对接收难民的舆论日益高涨。

2　导致人口变化的因素

洲的人口大迁移浪潮。尤其是，因大饥荒人口剧减时期，150万爱尔兰人移居到美洲和大洋洲。1840—1940年流入美洲大陆的人口导致阿根廷人口增加40%，美国人口增加30%，巴西和加拿大人口增加15%。

欧洲到美洲的大规模人口迁移缓解了欧洲当时即将爆发的人口压力，给了欧洲社会喘息的机会。欧洲人口曾因黑死病减掉三分之一，但借助经济发展和公共卫生保健的完善，得以恢复，并在不觉间进入人口过剩时期，迎来资源枯竭等新的问题。而移居美洲恰恰解决了这些问题。17—18世纪运输手段的发展进一步加速了人口向美洲大陆的迁移。

通过大规模移居，欧洲人得到了新的机会。然而，原

美国的拉丁裔，欧洲的穆斯林

拉丁裔美国人是指使用西班牙语的中南美洲出生的美国人。拉丁裔主要从事主流美国人嫌弃的工作，因此在经济上构成下层阶级。目前拉丁裔占美国人口的17%。如果拉丁裔能维持现在的人口增长速度，到2050年，拉丁裔人口将占据美国人口的30%。拉丁裔人口的快速增长广泛并严重影响美国政治、经济、社会、文化等领域。与此同时，在欧洲，穆斯林人口急剧增长，到2050年，将占据全欧洲人口的20%。如同拉丁裔美国人，穆斯林在欧洲主要从事欧洲人嫌弃的工作，人口的快速增长广泛影响欧洲。

奴隶贸易

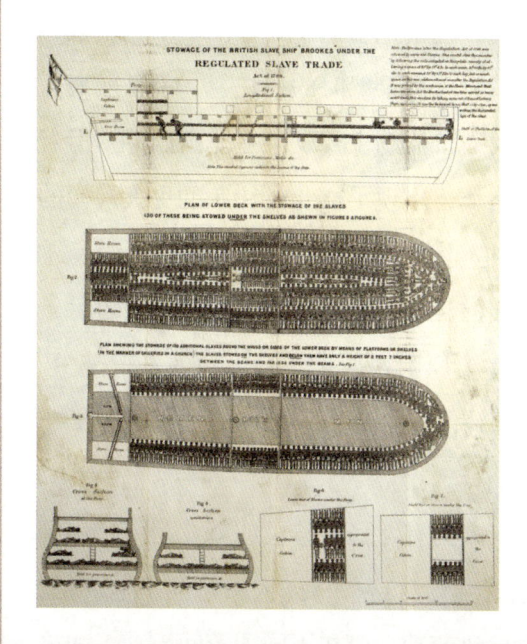

"计划将 292 名奴隶安置在甲板下面。其中 130 名安置在船板下面。"船内划分出男性、女性、儿童区域

住民却遭受了生活被剥夺的苦难。本与欧洲、美洲无太大关系的非洲大陆从此开始了苦难的历史。直到 17 世纪，想要从欧洲移居美洲的欧洲劳动者数量并不多，但欧洲人为解决劳动力不足问题，强制将非洲原住民作为奴隶移居。

有关非洲奴隶贸易的研究资料显示，从 1500 年至奴隶贸易被废除的 1870 年，1 500 万到 4 000 万非洲人乘坐奴隶船，被带到美洲大陆。此统计只计算了成功抵达美洲

2　导致人口变化的因素　47

的奴隶，不包括那些在非洲村庄"扫荡奴隶"中被拐或被杀的非洲人和儿童，也不包括途中死亡的奴隶——被带往海边途中的死亡者、等待乘船时的死亡者、漫长航海途中的死亡者。这样的人口流动主要发生在非洲西部。沿着阿拉伯商人的贸易路线，出现了往北、往东的更大规模的奴隶输出。这些奴隶贸易使当地人口迅速减少。

今天，非洲大陆的许多国家在政治上、经济上落后于其他大陆国家，其主要原因是奴隶贸易导致的人口减少。人口大量流失不仅阻碍了农业和工业的发展，还阻碍了非洲文化的传承和发展。

在世界人口中，大约有 2 亿以移民或就业为由迁移到其他国家。据非正式统计，这种移居人口可能多达 5 亿。世界经济的不均衡导致劳动人口在不同国家间流动。如果说过去的劳动人口迁移是在刀枪威胁下被迫发生的，那么，如今的劳动人口迁移则是金钱驱使所导致的。纵观世界劳动人口迁移方向，不难看出，位于亚洲、非洲、南美洲的发展中国家是人口输出国，位于欧洲、北美洲、大洋洲的发达国家是人口流入国。

人口政策

人口计划是现代社会发达国家和发展中国家采取的人

为控制人口的方法。人口增长会引发粮食不足和贫困等问题，人口减少会导致劳动力不足和经济萧条等问题。因此，很多国家为维持适当人口，实施多样的人口政策。相比地球环境的自然人口调节，人口政策是更有效的人口调节机制。

韩国的人口政策变化

20世纪50年代至60年代，韩国出现了"婴儿潮"，出生率提高，加上医学技术的发展，死亡率降低，韩国人口迅速增加。为解决人口急速增长导致的贫困和饥荒问题，韩国政府从1965年开始全面实施计划生育政策。

韩国的计划生育在20世纪60年代，以"多生娃，变穷家"为号召，70年代持续推行降低出生率的人口政策，口号是"不管男娃女娃，只生两个好好养育"。结果，60年代每个家庭有6名子女，到70年代减少到每个家庭有4名。20世纪80年代，每个家庭子女数减少到2名，但仍然实施人口控制政策，提倡"一个家庭只养一娃"。

20世纪70年代以后，韩国开始工业化，城市人口持续增加，然而，城市每个家庭的人口出生率低于农村。随着女性社会活动的增加，一名女性生育5~6名子女已经不太可能，自然而然地，出生率开始下降。另外，昂贵的教育费和对子女价值观的变化等与政府的人口控制政策相结合，成为人口减少的原因。

进入21世纪，韩国面临严峻的低出生率问题。1997年亚洲金融危机以后，经济结构调整导致失业率增加、房屋价格上涨、教育费上涨，加上婚姻观的变化，出现晚婚或不生育等倾向，人口出生率下降。

韩国政府为了鼓励生育，提供生育奖金、养育费用补贴等，但人口出生率持续下降。2016年，韩国总和生育率为1.17，属于超低生育率国家。政府推出"一个子女不放心，两个子女就安心，三个子女更舒心"的海报，为鼓励生育，给多子女家庭提供免税等福利。

法国的人口政策

因传染病和两次世界大战而人口锐减的法国，到20世纪70年代中期为止的大约30年间，由于出生率提高和移民者流入，人口持续增长。然而，自1975年以后，生育率下降，法国女性平均生育子女数小于2名，并且因移民遏制政策导致法国人口增长率开始下降。这一时期法国的人口增长大多靠阿拉伯裔移民的生育。随着法国白人的出生率持续下降，低出生率成为严峻的社会问题。为此，从20世纪80年代起，法国政府设置了总统直属机构"人

口家庭政策最高委员会",推行直接而强有力的奖励生育政策。

该政策实施范围广,包括在怀孕、生育、养育期间提供经济援助、免费医疗、无偿教育等。结果90年代中期以后,法国的出生率开始上升,2014年总和生育率达到2.08,成为全欧洲出生率最高的国家。法国在"生儿育女不是个人和家庭问题,而是国家问题"的理念下,持续全面实施强有力的奖励生育政策。2016年的总和生育率为1.93,虽然对比前一年稍微降低,但人口增加4‰。2017年法国人口为6 690万,估计到2050年将达到7 500万。

随着法国人口结构的复杂化，代际冲突、移民、宗教矛盾引发了很多社会问题，因此法国正在苦心寻找解决良策。

技术的发展

马尔萨斯在《人口论》一书中预测的粮食生产无法满足人口增长的状况并没有出现。相反，欧洲经历工业化以后，人口从 1 亿增加到 4 亿，而且持续增长。人类到底是如何成功避免了马尔萨斯预测的局面呢？

农耕技术的发展和粮食产量的增加

在人口压力增加的"制约"时期，人类主要选择移居。但是 1 万年前，人类是主动移居，而不是被动移居。人类播种栽培作物，选择可食用的草、根、树，开创了早期农耕时代。被人类选择的作物与野生天敌分离后迅速被改良成有益于人类的品种。另外，人类以提供饲料为代价，驯服特定动物，并且利用这些动物提高农业生产量。

在漫长的历史长河中，狩猎-采集者逐渐变成农耕者，生活方式也逐渐从游牧转变成定居。虽然农耕者也打猎或捕鱼，但主要食物还是来自他们所种植的作物。农耕时代的人类比狩猎-采集时代能多养活 10~20 倍人口。一名狩猎-采集者平均需要 26 平方千米的土地面积，但在同样面积的土地上，农耕者可以生产出够养活数百人的粮食。

农耕时代初期，只是单纯地栽培作物，生产力水平低，因此人类的营养状况不如狩猎-采集者。但是，随着灌溉设施的发展、复种的出现、农具的改良，生产力提高了，逐渐出现剩余生产物。剩余生产物供养不从事生产活动的专门阶层。专门阶层的活动促进农耕技术的革新，技术革新又进一步使粮食产量和人口增加。

新的技术革新和社会结构变化提供了人口增长的动力。然而，人口增长的速度远超技术革新，导致人口增长呈现小幅上升和下降的曲线变化，属于阶段性缓慢增长。

冶金与人类知识的扩张

与马尔萨斯的预测不同，人口持续增长，其中金属冶炼业的发展发挥了重要作用。金属冶炼最早始于人类利用从大自然发现的材料制造工具、装饰品、武器等。但是实际上，金属冶炼业的发展速度非常缓慢。

大约从 1 万年前到 9 000 年前的一千年间，人类对铜进行加热，并用锤子敲打，制造了简单的工具和武器。在

7 000年前，出现了通过加热地下铜矿床提炼矿石表层金属铜的技术。但是，冶金技术的发展无法弥补铜自身的弱点。铜性柔软，容易弯曲或破碎。之后出现了通过加热后缓慢冷却来提高铜强度的技术。

后来，金属加工者发现在液态的铜中添加锡可铸造青铜，90%的铜和10%的锡的合金可铸造最坚硬的青铜器。人类发现这些技术花费了数百年的时间。同样，炼铜技术、青铜冶炼技术传播扩散至整个亚欧大陆也经历了几千年的漫长岁月。

在青铜冶炼技术上进一步发展的冶铁技术再次推动农业飞速发展。冶铁技术的传播始于土耳其西部的安纳托利亚。当地人在采完浅矿中的铜后，开始冶炼铁矿石来生产铁。坚硬高效的铁犁能深耕土地，铁器农具的发明促使农耕技术再度飞跃发展。

随着农耕技术和冶金术的发展，出现聚落和古代城市，实现了城市化。冶金术生产出多种器物，并通过器物交换形成了不同地区的系统交易网络。工业革命时期，新兴经济的主要成员是制造各种工具的匠人、金属加工者、熟练劳动

冶金术
从矿石中提取、精炼出金属，根据使用目的制造出合适造型的技术。

2　导致人口变化的因素　55

者。人类通过物质交换、信息交换的网络积累了有关自然世界的多种知识，并习得发展知识的方法，结果，加快了技术革新的速度。得益于技术的飞速发展，人类才没有落入马尔萨斯循环的陷阱，迎来了新的飞速发展时期。

3 农耕时代，人口逐渐增加

1960 年，美国生态学家戴维把人口变化的历史划分为三个阶段：狩猎-采集时代、农耕时代、工业化之后的时代，提出了人口增长周期。他认为，在各个阶段，当人口增长达到一定的程度时，人口会随着时间小幅增长，这就意味着在有限环境中，人口增长和人口密度成反比。当可用资源一定时，人口增长的现象会制约以后的人口增加。

第一个周期的人口增长非常缓慢，持续至约 1 万年前。这是因为提供营养和热量的能源被限制在每人几千卡路里的水平。在第二个周期的农耕时代，可用土地、作物、动物、水、风等自然资源的量也是有限的，因此人口增长也受限制。工业化之后的第三个周期，虽然没有明确定义人口增长的界限，但是技术的发展和随之而来的文化

戴维的人口增长周期

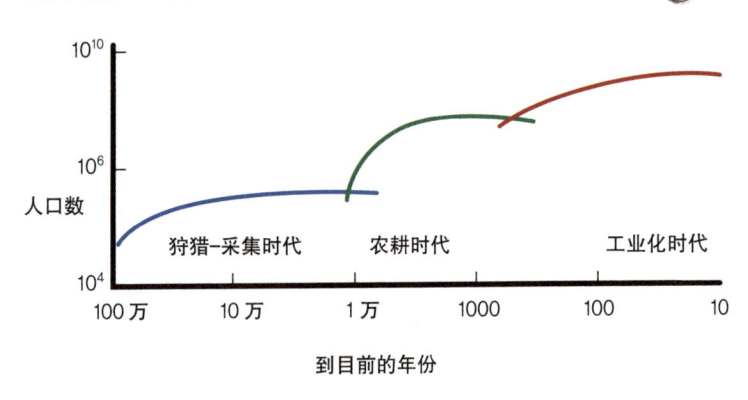

人口数，纵轴从 10^4 到 10^{10}；横轴"到目前的年份"从 100万、10万、1万、1000、100、10。三段曲线分别对应：狩猎-采集时代、农耕时代、工业化时代。

按照人口增长周期来划分人类历史的话，可以分为三个阶段：制作工具和使用火的狩猎-采集时代、文明开始的农耕时代、工业和科学技术发展的工业化时代

卡路里
热量单位。1 卡 = 4.1855 焦（1 克水在 1 个标准大气压下从 14.5℃加热到 15.5℃所需的热量为 1 卡）。

选择对环境造成的负面影响同样会抑制人口增长。

前面我们讨论了人类在地球环境变化、人口压力等制约条件下通过怎样的选择，克服种种困难增加人口。那么，人口的增减对人类历史到底产生了怎样的影响呢？

狩猎-采集者变农耕者

智人早在4万年前就创造出了洞窟壁画、雕塑、俑、陪葬品、装饰品，并使用语言。他们发展了成熟复杂的文化和象征性的表达方式，并向全球传播。大约在1万年前，农耕生活正式开始，人类文明开始萌芽。

多项研究表明，在农耕时代初期，狩猎-采集者的生活比农耕者富裕得多。那么，为何狩猎-采集者要放弃富裕的生活，而走辛苦的农耕之路呢？

智人在出走非洲时大约有5万人，在向除了南极外的全球区域迁移的过程中，虽然人数增加速度缓慢，但一直

最初丰裕社会

在过去30年，人类学家对狩猎-采集者的生活大幅修正了原有的立场观点。20世纪60年代以前，人类学家认为，狩猎-采集者在单纯的自给自足经济下，不停地依靠辛勤劳动获得粮食，除了特殊的情况外，能享受的余暇少得可怜。这种否定意见来自现代中产阶级的思维，他们低估了物质不够丰富的狩猎-采集者的生活。但是，人类学家马歇尔·萨林斯在他的著作《石器时代的经济学》（1972）中指出，狩猎-采集是一种积极的生活方式，称这一时期为"最初丰裕社会"。狩猎-采集者不仅不用为生存拼命劳动，工作时间甚至比现代工业社会的雇佣工人短。他们为了得到食物，每天平均工作4~5小时，有充分的闲暇。甚至在一段时间内，如果有足够的食物，就不用劳动了。

持续。他们在狩猎-采集过程中形成了一定规模的集体。这个集体规模足够大,可以分工工作,但也足够小,不会在步行距离内耗尽粮食供应。根据所存粮食的量,集体规模各异,有的成员在 10~20 名,有的成员多达 60~100 名。

狩猎-采集者所吃的食物营养如何难以推测。根据最近的证据,估计多为水果、坚果,偶尔也会有肉,他们通过这些食物摄取了充分的营养。而且狩猎-采集者经常在周边环境遭到破坏和污染之前就迁移,因此感染传染病的事情几乎没有。他们的平均寿命为 30 岁左右,会享受文化生活,通过集体学习向后代传授技术,人口持续增加。专家认为,在最后一个冰期结束的 1.1 万年前,人口大约

有600万。

但是，冰期结束，海平面上升，人类向内陆迁移，必须适应气温升高导致的生态系统的变化。因人口增加，导致在有限的环境中很难得到充足的粮食。这种人口压力和气候变化一起成为人类从狩猎-采集转化成农耕的重要一环。

1万年前，人类利用长期积累的工具制作法和对自然的知识进行农耕，开始定居生活。他们通过农耕适应环境的变化，应对人口增长的新局面。

关于这一时期人口加速增长的原因有两种理论。经典理论认为，农耕改善了人类的营养状况，使人类的生存能力进一步加强，因此人口加速增长。定居生活、农耕、饲养家畜等使粮食供给更加稳定，解决了气候的不稳定和季节变化引起的营养不足问题，增加了人类生存的可能性。

但是最新理论认为，与狩猎-采集者相比，农耕者的死亡率更高。第一个理由是，依靠种类不多的作物生活反而使营养状况恶化。狩猎-采集者通过水果、猎物等多种食物摄取营养，而农耕者只能以谷物为主食。热量可能充足，但是营养成分单一。这一点通过分析当时的人类骸骨可以得知，随着农耕生活的开始，人类的躯干逐渐萎缩。第二个理由是，定居生活和高人口密度增加了传染性疾病扩散的危险和频率。传染性疾病对较少人口不断迁移的狩猎-采集人群来说危险性相对小，但对于过集体定居生活的农耕者来说，其危害性陡然增大。

既然如此，农耕人口又是如何增加的呢？原因在于出生率上升了。在农耕时代，虽然死亡率升高了，但是与狩猎-采集者相比，生育间隔大大缩短，因此出生率比死亡率上升更多，人口增加率相应上升。

农耕共同体的形成

公元前 5000 年左右出现的美索不达米亚神殿，公元

巨石阵

据推算,巨石阵约建于公元前2000年,位于英国威尔特郡索尔兹伯里平原。它是谁以何种目的建造而成的不得而知,可能是用于天文观测,可能是为了祭祀。同时,为了搬运这些巨石,也需要动员很多劳动力。为了特定的目的调动很多人,这意味着其社会已经存在组织有方的统治机构,即等级社会

前21世纪中期建造的埃及金字塔,中美洲的通天塔或金字塔,这些通常是坟墓、宫殿或神殿。这意味着曾经存在位高权重的个人。那么,人类社会产生等级的契机是什么呢?

1万年前到5 000年前的农耕时代初期,人口增长和

技术变革相互作用，彼此强化。在农耕时代，两者的关系成为革新和积累财富的重要源泉。

从公元前3000年到公元1年，世界人口从约5 000万增加到2.5亿。农耕对人口增加虽非绝对性革新，但明显起到了相当的影响。这种长时间内的人口增加会让我们产生错觉，以为人口是一直慢慢地增长。实际上，从个人的生命周期或以几百年为单位的时间来看，人口增长模式是周期性的有升有降。

农耕人口的增加和技术的革新使得人类能生产更多的粮食。人们开始住得更近些，人口密度高的定居地区形成新的共同体网络。实际的网络形态和自然的地理特征关系不大，而和其他定居地的存在和分布密切相关。这种网络形态在人口密度高的现代化都市里也能发现。

小型村落以大型村落为中心对称分布，大型村落相当于该地区的贸易中心枢纽。对称排列在大型村落周围的小型村落形成井然有序的网络。大型村落围绕着小镇，小镇又围绕在城市周边。因此，在起中心枢纽作用的大型定居地区就出现了比周边小型村落更多的功能分化。

城市吸纳了周边村落和小镇的物力、人力、技术，自然成为贸易的根据地。地区性的贸易网络创造出更加复杂而又井然有序的结构，随之把更多的活动、财富和知识聚

形态不同的贸易网络模式

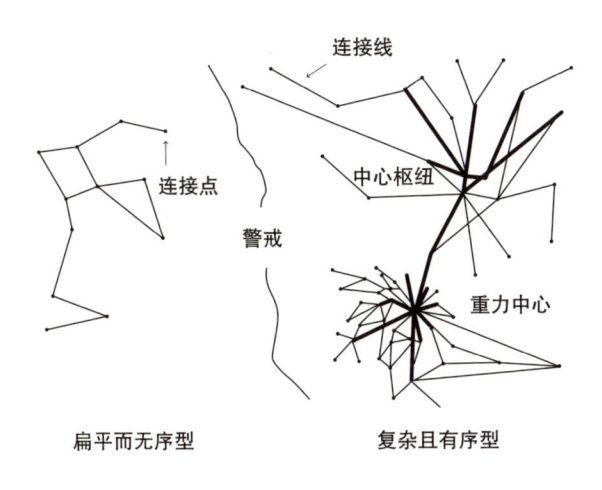

连接线
连接点
中心枢纽
警戒
重力中心

扁平而无序型　　　复杂且有序型

旧石器时代的网络大多为扁平而无序的结构。地区间的人口密度几乎没有差别，贸易的发展速度和密集度也没有差别。但是，随着人口密度升高的农耕定居地的发展，贸易网络变得复杂，而且井然有序。在这种网络里面，信息交换得到加强，集体学习的速度明显提高。其结果是，革新的速度随之提升

集于城市。

尤其是，农耕技术的深化使得满足个人消费之外的剩余生产成为可能。这意味着可以供养那些不用直接参与粮食生产的专门阶层。随着人口密度变高，需要组织和公共秩序来管理共同体，于是，匠人、军人、神职人员、统治者等阶层就出现了。在这个过程中，共同体把管理的权力

亚欧大陆出现的城市化倾向

年	超大城市数量（个）	超大城市人口规模（名）	超大城市人口总和（名）
公元前 2250	8	30 000	240 000
1600	13	24 000 ~ 100 000	459 000
1200	16	24 000 ~ 50 000	459 000
650	20	30 000 ~ 120 000	894 000
430	51	30 000 ~ 200 000	2 877 000
公元 100	75	30 000 ~ 450 000	5 171 000
500	47	40 000 ~ 400 000	3 892 000
800	56	40 000 ~ 700 000	5 237 000
1000	70	40 000 ~ 450 000	5 629 000
1300	75	40 000 ~ 432 000	6 224 000
1500	75	45 000 ~ 672 000	7 454 000

在规模较大的共同体中，其统治阶层更能行使强硬的权力。共同体中的精英阶层通过武力或威胁控制剩余资源。征收贡物的社会是人类历史上表现最为典型的强大共同体

交给了精英阶层。

之后，精英阶层占有剩余产品中的绝大多数，开始出现权力分化和贫富差距。人类社会也变成了包括统治阶层和劳动阶层的等级社会。阶层利用增加的人口把分散的点

状人类社会更广泛地扩大，形成城市和国家等新形态的人口结构。最初的领导基于成员的同意管理共同体，但随着时间的推移，他们逐渐控制了巨大的资源。为有效运营共同体和管理剩余资源而出现的专门阶层统治了大部分市民。农耕技术的发展成为等级社会这一新的人口结构得到确立的契机。

4

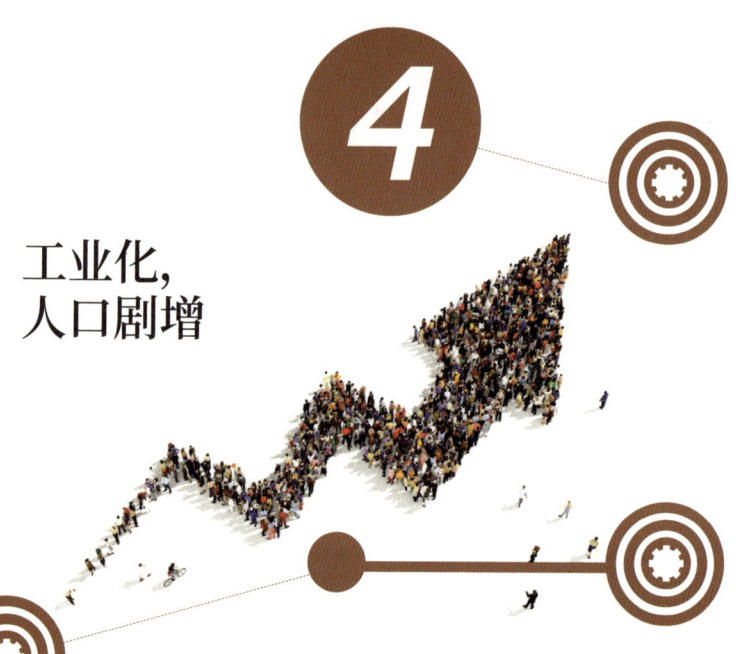

工业化，人口剧增

地球上所有人类的 20% 都是在最近短短的 250 年间出生和死亡的。也就是说，比起 20 多万年前的狩猎−采集时代和 1 万多年前的农耕时代发生的变化，最近短短的 250 年所发生的社会变化和人口增加显著加快。

公元 1 年，全世界人口有 2.5 亿，到 19 世纪初期，突破了 10 亿。据联合国的数据，1960 年世界人口达到 30 亿，此后几乎每十年增加 10 亿，到 2011 年，世界人口已超过 70 亿。英国经济学家马尔萨斯所担心的人口爆发式增长如今就出现在眼前。

关于人口如此急速增长的原因，可以从工业化中寻找答案。接下来让我们看看工业化、农耕生产率的提高对人口增长以及人口分布产生了怎样的影响。

据预测，依照目前略微下降的世界人口年均增长率来看，世界人口有望在 2025 年突破 80 亿，2050 年达到 100 亿。公元 1 年世界人口为 2.5 亿时，人口增加到 2 倍用了大约 1 400 年，而今天人口增加到 2 倍仅用了 40 年左右。那么，是什么原因让曾经缓慢增长的人口在进入近代以后突然爆发式快速增长了呢？

4 工业化，人口剧增

人口增长和工业化

自公元1年起的1 000年间,世界人口虽然随着时间和地区的不同有增有减,但是2.5亿这个数字几乎没有变动。1000年的2.5亿人在1800年初变成了10亿。也就是说,经过800年,人口增加了3倍左右。但是之后短短的200年内,人口增加了约5倍,2000年时达到了60亿。人口以如此惊人的速度增长是因为生产力提高了。这一时期,工业化开始实施,因此人口爆发式增长,经济也飞速发展。

工业化源于18世纪中后期英国的工业革命,在大约一个世纪内,以技术发展和社会结构的变化为基础,构筑了规范的量化生产体系。始于欧洲的工业化实现了世界

人口统计的可信度

世界人口不可能精确统计。每个人口统计机构统计出的国家人口和全世界人口各不相同。以1950年世界人口为例,粗略统计的数字为24亿,精确统计的数字为25.5亿,两者相差1.5亿。这是因为人口统计不可能同时进行,出于各种原因有的会有遗漏,有的会重复计算。

性的生产体系革新。那么，工业革命为何偏偏发生在英国呢？

其理由可以从以下背景中探讨。当时欧洲其他国家都在巩固绝对王权，而英国接受了《大宪章》，自此王权的绝对权力被削弱。进入17世纪，国民的自由和权利大大加强，封建制度早早解体，出现了自由的农民阶层，农村的纺织也变得愈加发达。同时，随着殖民地的扩张，海外市场扩大，英国比其他欧洲国家拥有更丰富的资源和劳动力，经济飞速发展。因小冰期的影响，冬天变长，愈加寒冷，主要的供暖燃料木材枯竭，开始使用煤炭替代。煤炭需求一增加，就得采取各种措施提高采矿效率。得益于此，16世纪中期到17世纪中期，煤炭及相关产业迅速兴起。可以说，工业化的历史就是和使用煤炭的蒸汽机的发明一同开始的。

1698年，英国的托马斯·塞维利为了把矿井里的水抽出来，发明了蒸汽机，并最早获得专利。1712年，英国的托马斯·纽科门利用大气压发明了纽科门蒸汽机。后来，詹姆斯·瓦特改善了纽科门蒸汽机的缺陷，发明了瓦特蒸汽机。瓦特发明了太阳行星齿轮，使原来在汽缸里依靠蒸汽压的上下运动转换成了旋转运动。这可以应用于纺织机以及需要上下运动、旋转运动的所有机械中。他的蒸汽机不仅用于矿厂，还用于磨坊、纺织厂等。特别是原来

工业化和人口增长

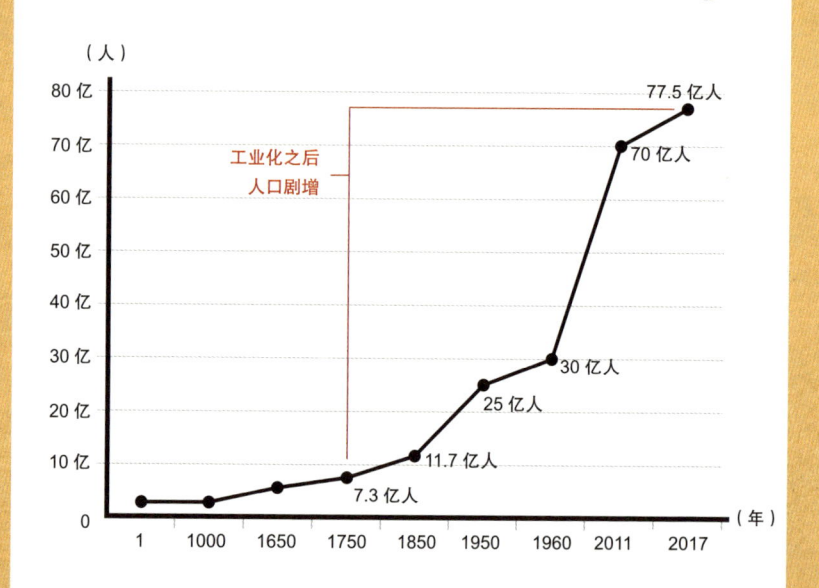

1750年世界人口约7.3亿，至1850年达到11.7亿。工业革命前后，人口开始剧增，1950年达25亿，至1960年达30亿，在之后几乎每十年增加10亿

利用水力的纺织机采用瓦特的蒸汽机后，效率显著提高。

可以说正式的工业化由棉纺织业主导。以英国北部兰开夏郡、曼彻斯特及苏格兰的格拉斯哥等为中心，棉纺织业迅速兴起。此时，涌现出了众多新型纺织机：詹姆斯·哈格里夫斯发明的"珍妮纺纱机"、理查德·阿克莱

特发明的水力纺纱机、塞缪尔·克朗普顿发明的走锭精纺机（骡机）、埃德蒙·卡特赖特发明的水力织布机等。大型纺织机的出现，明显提高了纺纱、织布速度和效率，使得生产模式也从传统的家庭手工业转向工厂的量化生产模式。棉纺织业一发达，无数的劳动工人开始进出工厂上

4 工业化，人口剧增

纽科门的蒸汽机和瓦特的蒸汽机

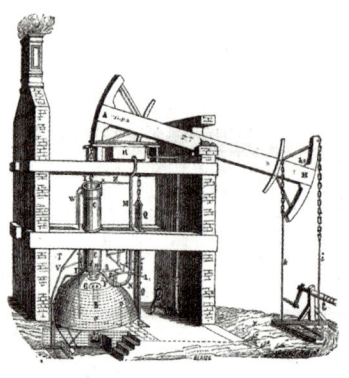

纽科门的蒸汽机（左）和瓦特改良的蒸汽机（右）。纽科门的蒸汽机是将蒸汽引入汽缸后，再加入冷水，这时压缩的蒸汽带动活塞，泵就工作了。但是，汽缸需要冷却后才能再发动，因此效率低下，而且需要用掉大量的煤炭，主要用于煤矿开采。瓦特改良了纽科门的蒸汽机，另外安装了冷凝机和抽气泵，使用太阳行星齿轮，把上下运动改制成旋转运动。它还提高了燃料的效率，可以在离煤矿很远的地方使用

班，1774年人口不过才2.2万的曼彻斯特，因为棉纺工厂的迅速增多，1841年城市人口达34万，如果包括附近城镇地区，则超过50万。当时，曼彻斯特60%以上的人口都是从事棉纺织业的劳工阶层。

自从纺纱机代替家庭作坊，工人就变成了机械的附庸，每天要重复单调的作业，工作12～14小时，甚至更

阿克莱特的纺纱机

阿克莱特的纺纱机替代了手工织布的作业。在工厂机械化的形势下,为了节省费用、提高效率,工厂主对工作拥有绝对管理权,同时指挥机器和工人

长时间。尽管如此,却只能得到低廉的薪金。一家人要想糊口,不仅女性要上班,就连儿童也要去工厂做苦工受折磨。相反,工厂主和资本家拥有巨额财富,贫富差距急剧扩大。在恶劣的劳动和生活环境中的工人有一部分丢掉了工作,无法维持生计,他们袭击了工厂,破坏机器,这就

4 工业化,人口剧增　　75

是卢德运动。

棉纺织业的发展也促进了冶金、煤炭、机械制造等相关产业的发展。在冶金业，开发了新的炼铁技术，使得铁产量飞速提高。随着炼铁技术的发展，蒸汽机所用的汽缸，可以被大量生产并普及。结果，这又带动了煤炭产量的增加。满载煤炭的蒸汽机车跑向英国各个角落。

斯蒂芬森发明的蒸汽机车给运输行业带来了革新，开启了铁路时代。1825年，英国开通了第一条铁路，即斯托克顿—达灵顿铁路。1830年，利物浦—曼彻斯特铁路开通。

在曼彻斯特生产的纺织品通过铁路被运往利物浦港口，出口到全世界。到1841年，英国建设的铁路已达2 000千米以上，充分发挥了工业资本的循环作用。国民收入的10%以上用于生产性投资。结果，18世纪中叶高达70%的农业人口比例在1850年急剧降到22%。

19世纪初，欧洲的其他国家和美国开始了工业化，19世纪后期，俄国和日本也开始工业化。工业化加快了各国的经济增长速度，大幅改变了各国的政治军事格局。1800年，英国、法国、德国三个国家的工业占全世界工业产量的11%，到1900年，占据38%。1900年，工业化较早的发达国家，包括美国、日本、俄国，其工业占全世

《雾都孤儿》

把英国作家狄更斯的小说《雾都孤儿》搬上银幕的同名电影海报。

该作以雾都伦敦为背景，讲述了一个孤儿悲惨的身世及遭遇。主人公奥利弗在孤儿院长大，经历学徒生涯，艰苦逃难，却误入贼窝，被迫与狠毒的凶徒为伍，历尽无数辛酸。最后在善良人的帮助下，孤儿查明了身世并获得了幸福

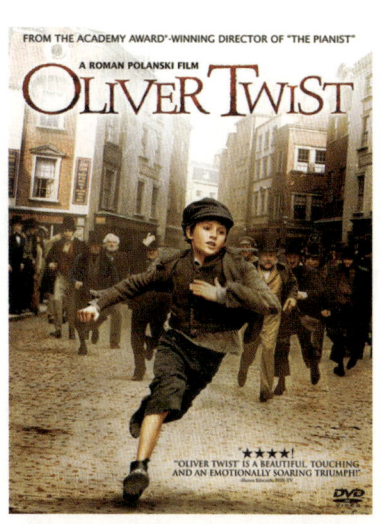

界工业的 89%。工业化带来生产力的提高，进而影响政治结构的变化和军事力量的加强，至 20 世纪初，率先进行工业化的国家统治着地球陆地面积的 85%。

　　工业化对人口增长也发挥了重要作用。工业化以前的 1650 年左右，世界人口约为 5.5 亿，工业化以后迅速增加，到 2017 年，激增至约 75 亿。1850 年至 1950 年，世界人口的增加主要由发达国家主导。出生率升高、医学发达，使得死亡率降低，总人口自然增加。当时，发达国家的人

口增长率是0.9%，发展中国家是0.6%。但是1950年以后，世界人口的增长则变为由发展中国家主导。这是因为，20世纪中期以后，亚洲、非洲、中南美洲地区的发展中国家正式迎来工业化，生活环境和医疗水平明显提升。

人口快速增长的主要原因就在于人类解决了最重要的温饱问题。由于农耕技术的发展，粮食产量增加超过了人口增长的速度，但是仅凭粮食产量的增加不能说明人口增长的趋势。我们需要注意到，不仅是农业，工业领域技术的革新也带动了制造业的生产效率的提高。在过去的200年间，工业的生产力增加了100倍以上。交通工具、信息通信愈加发达，消费、住房、能源等的生产力得以提高，经济增长速度惊人。随着城市的发展，公共卫生和生活环境得到改善。医学知识和医疗水平也得到了发展，由于大量接触疾病而提高的免疫力也有助于降低死亡率。随着保健和医疗服务的提升，人类的预期寿命也增加了。18世纪，人类平均预期寿命不过25岁，到2000年，男子预期寿命为65岁，女子为69岁。

人口增长和技术革新引起政治格局和军事形势的变化，使政府职能变得更加复杂和强有力。个人的生活方式和思维模式也发生了变化。农耕时代，农民耕作农田，自给自足，工业化以后，城市的雇佣劳动者持续增加，到2014年，城市人口达到35亿。

4　工业化，人口剧增

离乡进城，大型都市的双面孔

随着工业化的实施，农耕技术得以提高，生产量随之增加。那么，种地的农民生活应当更加富裕了。然而，事实并非如此。因农耕技术的革新，生产量虽然增加了，但以追求利润为目的的资本主义也渗透到农业，导致未能拥有大量土地的农民不得不背井离乡。

17—18 世纪的英国，农业在工业生产中所占比重最大。在人均生产率低下的农耕社会，大部分人不用直接拥有土地也可以耕作。因为栽培作物需要大量的人力投入。但是，当土地集中在少数地主手中时，情况就发生了变化。这些地主拥有了远远高于消费的生产能力，于是开始耕种能使利润最大化的作物。这样，包括地主在内的农业资本家趁机积累了财富。

同时，农耕技术也有大幅提升，也就是引入了提高效率的新方法。人们在休耕地里种上萝卜或者用四叶草喂牛，增加家畜的数量，再把家畜的粪便用作肥料，增加作物产量。资本家利用马来耕地。改撒种为垄沟播种，提高了粮食产量。同时，小规模农民无法完成的土地开垦、家畜改良、灌溉设施的改善等多种措施并行，使英国农业的总生产量大幅提升。

为了获取更大的效益，就需要更广阔的耕地。但是，

圈地运动

第一次圈地运动始于 15 世纪中后期。当时羊毛价格大幅上涨,地主依靠非法和暴力手段把公共耕地、荒地等围上栅栏,变为私有。第二次圈地运动发生在 18 世纪初至 19 世纪中期,是因粮食价格上涨和需求剧增所致。为了提高农业生产的效率,在政府的主导下,大地主建立了资本主义性质的对农经营体制。两次圈地运动建立起了地主、资本家、小农三个阶层的资本主义生产关系。没落的农民只好背井离乡,移居到城市,变成低收入的工人。

这是英国的托马斯·莫尔在 1516 年发表的《乌托邦》一书的封面。托马斯·莫尔在这本书中将圈地运动比作"羊吃人"。

4 工业化,人口剧增

18—19 世纪英国农业生产量

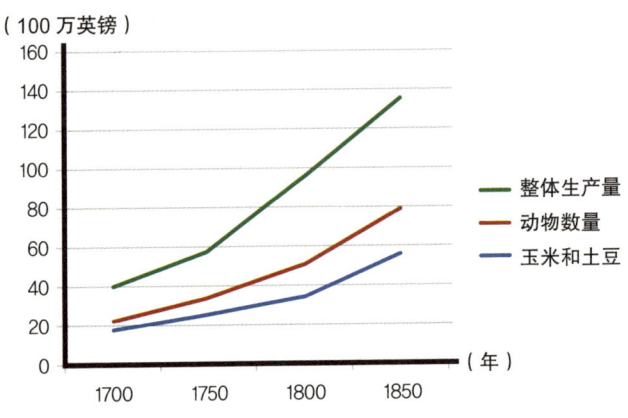

（100 万英镑）

- 整体生产量
- 动物数量
- 玉米和土豆

（年）

按照 1815 年的价格（英镑）换算的量。1850 年英国的农业总生产量是 1750 年的两倍多

随着棉纺织规模的扩大，羊毛价格急剧上升，富裕的地主们不再耕种作物，代而养羊。他们把和贫民共有的开放地和公共草地盖上围墙，围起栅栏，把公共土地圈成自己的私有土地。这就是"圈地运动"。圈地运动使土地越来越集中于少数地主手中，农民越来越无法维持生计，只好远离农村前往城市，变成雇佣工人。

被地主赶走的农民变成雇佣工人、纺织工人或贫民，同期从事农业生产的劳动者数量减半。随着人口不断从农

村共同体中涌入城市，工业和社会得到了发展，但是在华丽的经济增长背后却笼罩着巨大的阴影。

从农村进城的劳动者逐渐增加，以及受惠于纺织机改善、技术的发展等，使得工业城市越发大型化，但是工人的工资却越来越低。贫苦劳动者的生活不见改善，而且逐渐从事分工化、专门化的工作，于是在工业社会下连共同体的意识也逐渐淡化了。

于是，人们开始纷纷离开故地，积极寻找新的机会。

4 工业化，人口剧增

特别是在19世纪，美洲大陆工业化浪潮达到顶点，以英国为主，成千上万欧洲人漂洋过海，远赴美洲大陆。1800—1860年，移居美国的人中，有60%是英国人，1813—1913年，移民美国、澳大利亚、加拿大等地的英国人达到2 000万。

20世纪60年代初，在政府主导的经济政策下，韩国开始实施经济开发五年计划，工业化正式启动。在此过程中，农村人口大规模向城市迁移，20世纪60年代占60%以上的农业、渔业从业者在30年后跌至20%以下。

低收入的劳动力供应源源不断，轻工业产品的出口越来越多，韩国经济开始腾飞。20世纪70年代，由于推行"重化工业发展"的经济政策，制造业在国内生产总值中所占比重迅速增加。

拓展阅读

大饥荒
和救荒作物

救荒作物一般生长周期短，耐寒抗旱。另外，在贫瘠的土地上也能收获相当数量的粮食，因此可以在饥荒严重或者非收获期作为粮食。代表性的救荒作物有土豆（马铃薯）、红薯、玉米、花生、大麦等，目前，这些救荒作物占世界粮食的1/3。

在人类历史上，因为气候变化、病虫害、人口增长、政府供需调整的失败等，大饥荒曾多次发生。大饥荒来临时，短期内饥饿和疾病导致人口死亡率急剧上升。而此时救荒作物迅速传播，对人口变化产生了巨大影响。

16世纪，西班牙商人把红薯、土豆和花生带到了中国。17世纪中叶，中国人口超过1亿，而到18世纪中叶，人口激增，多达 3.5 亿，这主要得益于花生等救荒作物的普及。

当时清朝人口激增，粮食的消费量也随之激增，能够栽培作物的土地的地力几乎耗尽。于是，清政府在地力耗尽的土地和荒地上种植花生，以保存地力。花生也可以在沙地里生长，其茎可以作为动物的饲料，其外壳可以作为燃料，其果仁可以作为作物或用来榨油，因此被称为"孝子"作物。直到今天，中国的花生产量仍占世界花生产量的 75%。

另一代表性救荒作物红薯于 1615 年传到了日本。英国人从冲绳把红薯带到了日本本土，但是并没有立刻得到普及。红薯正式普及是在 1783 年有 100 万人被饿死的"天明饥馑"发生之后。受小冰期的影响，日本发生寒害和病虫害，作物产量锐减，日本全境发生的饥荒和瘟疫夺走了很多人的生命。此时，红薯在全国范围内迅速普及，解决了饥饿问题。

小冰期的低温现象给朝鲜半岛的作物栽培带来重大损失。特别是 1670 年（显宗十一年），寒害、干旱、洪水、地震等各种自然灾害接连发生，造成数十万人死亡。当时朝鲜半岛的人口有 1 200 万~1 400 万，约 40 万人死亡。那时救荒作物没有普及，一旦闹饥荒就没得吃，只能吃松叶、松树皮，导致每座山上都很难找到一棵完整的松树。1760 年朝鲜通信使从对马岛带回红薯种子，自此红薯传入朝鲜半岛。20 世纪 90 年代以后开始在全国范围内种植红薯。

像这样，救荒作物虽然是在大饥荒中拯救无数生命的一等功臣，但也带来了史无前例的大灾难。其中的主角就是土豆。原产于美洲的土豆随处可长，很少受气候、降水量的影响，抗大风耐酷寒，不用多管理，就能大丰收。土豆的单位产量是大米或小麦的 3 倍左右，生长期是大米或小麦的约 1/3，所以一年内在同等面积土地上能够收获的产量是大米或小麦的 9 倍左右。因此，不仅在温带地区，而且在热带地区、海拔 4 000 米的南美高原地带等世界各地也都开始种植土豆。英国生物学家查尔斯·达尔文曾对土豆感叹不已：不论是在数月不降雨的山区，还是在阴暗潮湿的灌木丛中，土豆都能顽强生长。

对那些不担心食物的富人来说并不算什么，但对贫苦的百姓来说，没有哪种食物像土豆一样能给予其这么大的帮助。对于那些要全家人工作才能糊口的穷人来说，土豆是能让全家吃饱的宝贵粮食。而且，用土豆做菜也非常简便，在锅里放上水把它煮熟就能吃。还有，土豆容易储存，在漫长的冬天里能吃很久。土豆是一种奇特的作物。

但是，就在不过200年前，人们还对土豆感到恐慌。因为土豆的样子，人们觉得摸一下都能生病，导致土豆在数百年间未能发挥其真正的价值。最先把土豆作为主食的国家是爱尔兰，这一选择饱含爱尔兰的悲惨历史。

12世纪，成为英国殖民地的爱尔兰，不同于新教徒（清教徒）掌控的英国，属于天主教国家。爱尔兰反抗新教徒的统治，遭到英国的沉重打击。少数新教徒地主掠夺了大多数天主教小农的粮食。土地贫瘠的英国抢走了爱尔兰生产的全部小麦和其他一些谷物和家畜。于是，爱尔兰人就把英国人没有抢走的土豆当成了唯一的主食。

　　但是,爱尔兰人即便只吃土豆和牛奶,也比欧洲大陆的一般人营养状况好。因此,19世纪40年代,爱尔兰人口急速增长,多达800万左右。这一时期是爱尔兰历史上人口最多的时期,现在人口都不及当时。因为一场突如其来的大灾难造成人口锐减。

　　那场灾难始于1845年。从美洲进口的土豆种感染了马铃薯枯萎病。马铃薯枯萎病由病菌引起,其茎叶上会出现暗褐色的条纹或斑点,慢慢发霉腐烂。1846年,爱尔兰土豆的90%因感染此病而腐烂变质。更令人遗憾的是,遭受英国压榨的爱尔兰人只种植产量最高的土豆,造成品种单一。此品种对枯萎病的抵抗力弱,短短时间内就遭灭种,对土豆高度依赖的爱尔兰人不得不面临突如其来的粮食灾难。事实上,马铃薯枯萎病曾席卷过欧洲多个国家,但并没有造成多大危害,而对于把土豆作为唯一粮食的爱尔兰来说,却引发了史无前例的大饥荒。

　　结果,1845年至1849年间,爱尔兰有100多万人因饥饿和疾病死亡。营养不良、身体虚弱的人极易

土豆花和土豆

土豆（右）没有人气是因为模样不太好看。土豆花（左）作为庭院作物或植物学家研究用作物，人气相当高。但是，土豆茎上长的毛须和像瘤子一样长在地里的果实却不受待见。土豆的模样容易让人联想起麻风病，有人认为吃了土豆可能会生病。而且埋在土里的东西看上去不吉利，因此比较忌讳，甚至不愿碰土豆。这种负面认识遍及整个欧洲，相当长一段时间人们都不吃土豆

感染痢疾、流行性斑疹伤寒等疾病，甚至霍乱也开始肆虐。在此过程中，英国不间断的残暴掠夺进一步加重了灾难。勉强活下来的爱尔兰人只好纷纷逃亡美

国、加拿大、澳大利亚等地，在冒生命危险航海的过程中，也有数十万人丧生。之后，大饥荒也没有一点要恢复的迹象，到1910年，爱尔兰人口锐减至440万，只有大饥荒发生前的一半左右。

5 席卷整个人类社会的传染病

前面我们回顾了从狩猎-采集时代到农耕时代、工业化时代的世界人口变化情况。以宏观历史视角来看，从人类出现至工业化时代，世界人口持续增长，而进入人类世以后，人口急剧增长。以集体学习和社交性、技术和文化为基础的人类文明的发展带动了人口增长。但是，从微观历史视角来看，人口的增减交替进行；值得注意的是，人口锐减总是伴随着战争和传染病等悲惨历史。在这一章中，我们将深入细致地探讨人类文明史上引发世界人口变化的传染病。

2016年11月，禽流感在韩国肆虐。在3个月内，3 200余万只鸡鸭（占所有饲养家禽类的20%）被宰杀。如果禽流感蔓延，无数鸡鸭就得被活埋，很多养殖户和饭店会面临生存危机。2016年，因禽流感造成的经济损失超过1万亿韩元。更为严重的是，禽流感病毒产生各种形态的变种，并且传染给人类。其致死率高达39%～66%，极其危险。1997年出现首例人类感染禽流感病例，截至2016年，有700多名患者因此丧命。

2015年5月，一名68岁的韩国男子从巴林回国，因出现轻度感冒症状，于是去了社区医院就诊。他服用感冒药后不见好转，就转入另一家医疗机构再行治疗。但是病情持续恶化，他不得不又去了第三家医疗机构。他高烧持续不退，原因不明，最终被移送到大型医院的急诊室。大型医院的医疗团队得知该患者从中东地区旅行归来，据此怀疑他感染了"中东呼吸综合征"，请求疾病管理本部进行确认。但是，疾病管理本部却一口回绝，说"绝无可能感染中东呼吸综合征"，对医院的申请不予理会。不幸的是，该患者曾就医的医院陆续出现了同样症状的患者，包括医护人员在内，因接触过该男子而被感染的人数呈几何级数增加。

该中东呼吸综合征事件，一般只可能出现在小说或电影里，却真实地发生在21世纪的韩国。韩国保健福祉部的无能和众多医院的怠慢等失误综合作用，造成中东呼吸综合征事态严重恶化。中东呼吸综合征在其源头中东地区

中东呼吸综合征患者移动和感染扩散途径

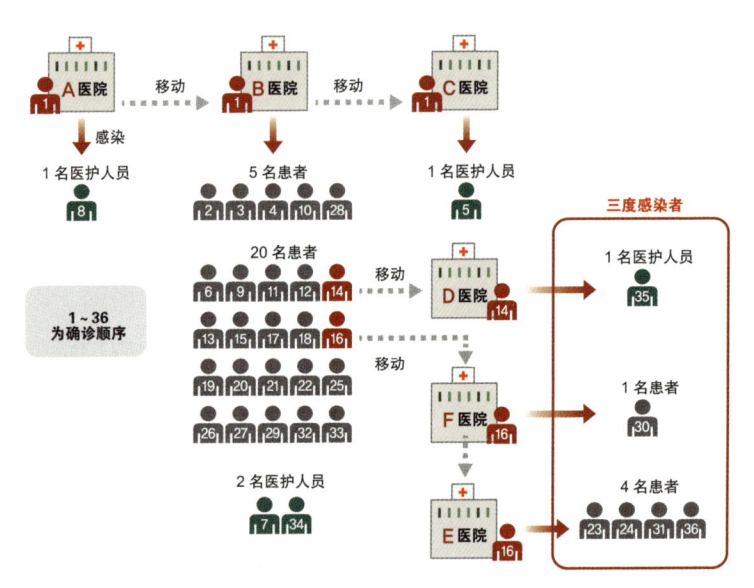

第一个中东呼吸综合征患者去过的医院的接触者以几何级数增加，感染随之扩散

致死率高达40%。国民对该传染病的恐惧四处蔓延，它让韩国陷入混乱之中。

19世纪以前，公共卫生保健等现代医疗体系尚不发达，人类平均寿命不足30岁。平均寿命短暂多因传染病所致。很多传染病源自动物，病变后再感染人类。亚欧大

埃及木乃伊发现天花痕迹

埃及法老拉美西斯五世的木乃伊。公元前1145年，拉美西斯五世离世。在他的木乃伊的脸部有明显的患过天花的痕迹。据此推测，天花可能在公元前1600年左右就已经暴发了。除此之外，腮腺炎在公元前400年左右暴发，麻风病在公元前200年左右暴发。脊髓灰质炎首次暴发是在1840年，第一次发现艾滋病是在1920年

陆居民常暴露在他们饲养的动物体内携带的病原菌之下。比如，牛会患麻疹、结核病、天花，猪会患流感、百日咳，鸡会患疟疾。

因为狩猎-采集者不停移动，所以很少有机会接触满载细菌、寄生虫的幼虫的粪便，以及患病家畜。但是，农

耕者因定居生活而长时间接触污物，导致细菌极易通过饮食或身体接触进行传播。农业社会虽然能养活十倍甚至百倍于狩猎-采集社会的人口，却对喜欢高人口密度的传染病无力抵抗。

传染病病原菌极易在人群中传播，因此人口规模越大、密度越高，疾病的扩散速度就越快。传染病早在1万年前就伴随农耕活动出现，而在人群大规模化、城市国家形成后得以迅速传播。

据记载，公元前1000多年，中国和印度也出现过疑似天花的疾病。18世纪，欧洲因天花而丧命者多达6 000万，进入20世纪，全世界仍有约3亿人因此丧命。数千年来，天花在东亚和欧洲文明社会肆虐，人们谈之色变。但是，自实施英国医生詹纳的"牛痘法"接种后，天花逐渐减少。1977年，索马里出现过3名天花患者，此后再也没有出现过病例。1980年，世界卫生组织宣布，人们成功地消灭了天花。

网络的发达成为传染病的最大推手。到罗马时代，亚、非、欧大陆相连，形成了巨大的细菌繁殖场。罗马通过网络的扩张，创造了新的财富，人口急剧增加，逐渐形成超大城市。但是随着天花的蔓延，公元165年至180年间，数百万市民丧命。1346年左右，源于黑海的黑死病沿着当时连接亚欧大陆的丝绸之路迅速传播。

在交通手段发达的现代，传染病的传播更加迅速、更加广泛。如今，就算是地球的另一端，乘坐飞机亦可以在短时间内到达。1991年，在秘鲁利马转机的阿根廷航空公司客机把数十名感染霍乱的乘客送到了几千千米之外的洛杉矶。

传染病改变了发病地区的人口规模，不仅影响了该地区政治、经济、文化等，而且决定该地区民族的存亡。14世纪，欧洲黑死病肆虐，大量农民死亡，导致占有大片土地的庄园主难以雇用到收割庄稼的劳动力。农民如果不满意庄园主所付的工钱，可以随意投奔其他庄园。由此，长期维系的庄园经济体系开始出现裂痕，最终导致封建庄园经济崩溃。不仅如此，不分国王、平民、祭司、信徒的传染病也极大削弱了对传统社会秩序的忠诚和信仰。

再向前追溯，冰期过后，世界分为三大区域。最初，亚、非、欧大陆人口最多。这些地区最先饲养牛、猪、鸡等家畜。动物携带的病原菌开始传染人类（即人畜共患病），引发多种形态的疾病。人口密度越高，传染病传播越快，人口减少也就越快。在这个过程中，该地区获得免疫力的人先于其他两个地区的人适应各种疾病。这成为后来亚欧大陆人口急剧增长的先决优势。

> **免疫力**
>
> 当我们的身体有异样物质（细菌、病毒、霉菌等）侵入时，身体就会试图抵抗，这就是免疫。免疫系统将进入身体的异物看成抗原，制造除去抗原的物质抗体。通过抗原反应，我们的身体就会平衡稳定，这叫免疫系统。病菌进入人体后，身体就会产生对抗该病菌的抗体，当抗体发挥作用时，我们不会感染相应的疾病。

相反，美洲大陆如同一个巨型灭菌室。据推测，大约1.4万年前至1万年前，智人越过白令海峡迁移到美洲，此时在亚欧大陆和人类共存的病菌因无法抵御寒冷而全部消亡，因此当地人无法获得免疫力。所以，当15世纪哥伦布等外地人携带病原菌陆续登陆美洲时，当地人便遭遇了文明崩溃的悲惨命运。

密西西比河流域有着北美最好的农耕平原。早期欧洲移民来此地时，发现只有100万左右的原住民。但是，根据最近的考古发掘和早期欧洲探险家的记录得知，当时北美大陆原住民人口多达2 000万。出现这种偏差是因为欧洲移民进入美洲后，原住民因传染病而人口锐减。纵观整个美洲大陆，在哥伦布到达后的1至2个世纪内，原住民人口估计减少了95%。真可谓是传染病对文明的毁灭。

传染病在人类历史上频频发生，时强时弱，持续威胁人类。在此过程中，免疫力成为帮助特定人群统治其他人群的最强武器。

禽流感，人类自找的病毒的反击

禽流感是由病毒引起的传染病。流感病毒分为以鸟类为宿主的甲（A）型流感、大体以人为宿主的乙（B）型流感、感染人和猪的丙（C）型流感。以人为宿主的乙型和丙型流感病毒由于很好地适应了人类，毒性变弱，且宿主范围较窄，也不易突变，但是以哺乳类和鸟类等为宿主的甲型流感病毒抗原变异频繁，会产生多种变体，其中一部分已经在人和猪身上被发现。通常两个不同物种之间不易传染疾病，但是像猪这种中间宿主，因为能同时感染禽流感病毒和人流感病毒，让病毒间发生重配，所以产生出了极易感染人群的新型病毒。这些都是从未有过的新型流感，人类的免疫系统无法应对，于是引发世界性大流行。

H5N8 是表示甲型流感病毒亚种的形态。根据甲型病毒的外表存在的 H 蛋白（红细胞凝聚素）和 N 蛋白（神经氨酸酶）的特性，可以标记为多种形态。

目前发现的 H 蛋白有 16 种亚型，N 蛋白有 9 种亚型，两者的可能组合达 144 种。在鸟类中全部出现了，但对鸟类最危险的是甲型中的 H5 和 H7。2014 年在韩国高昌

亚种
亚种是种以下的分类单位。

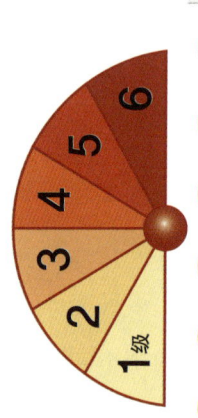

世界卫生组织公布的传染病大流行六级警戒

阶段	特征
6	第六级：大流行级。两国以上的人与人之间持续传播，传播途径扩散。
5	第五级：病毒在同一地区至少两个国家的人与人之间传播。
4	第四级：人与人之间传染持续发生，社区感染流行。
3	第三级：新型病毒传染人，但人与人之间传染还不足以造成社区感染。
2	第二级：动物间流行的已知动物流感病毒导致了人类感染。
1	第一级：病毒在动物间传染，但没有此类病毒导致人类感染的病例。

大流行（Pandemic）意味着传染病在全世界大流行。过去最有代表性的大流行要数夺走欧洲三分之一人口的黑死病。最近代表性的大流行是艾滋病。世界卫生组织根据危险程度把传染病划为六个等级。其中第五级是同一地区的至少两个国家传染病流行，最后一个第六级警戒阶段是相互不同的大陆国家间传染病扩散，全世界开始大流行

发现的禽流感就是 H5 型的甲型流感病毒（H5N8）。报告称，幸运的是尚无人类感染该病毒。

原本相互不同的物种间传播传染病的概率是很小的，但是 H5 和 H7 型中的 H5N1 和 H7N9 感染了人类。当然不是集体发病，只是个别现象。特别是 H5N1，通过感染

流感病毒

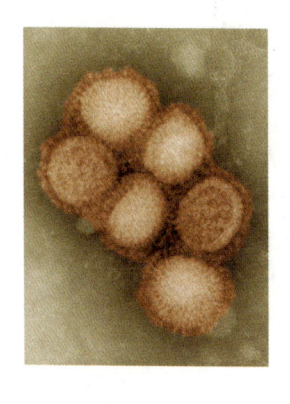

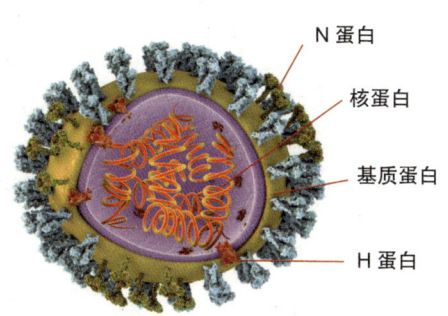

N 蛋白
核蛋白
基质蛋白
H 蛋白

电子显微镜下的甲型流感病毒（左），此病毒根据包膜（右）中的 H 蛋白和 N 蛋白的特性，以 "HnNn" 的形式表示。H 蛋白具有凝聚血细胞的作用，即感染宿主细胞，N 蛋白在复制后从宿主细胞释放复制病毒，进而感染下一个宿主细胞

感冒和流感的差别

如果天气变冷，昼夜温差变大，新闻里就会劝大家接种流感疫苗。这里所说的流感就是甲型流感。流感的症状是头痛、咳嗽、肌肉痛、发烧等，和感冒极为相似。感冒通常在 3～4 日内症状先是加重，继而缓解。相反，流感会突然病情加重，3～5 日后出现干咳、流鼻涕，严重时会持续三周。另外，流感有可能引发肺炎等并发症，甚至会导致死亡。

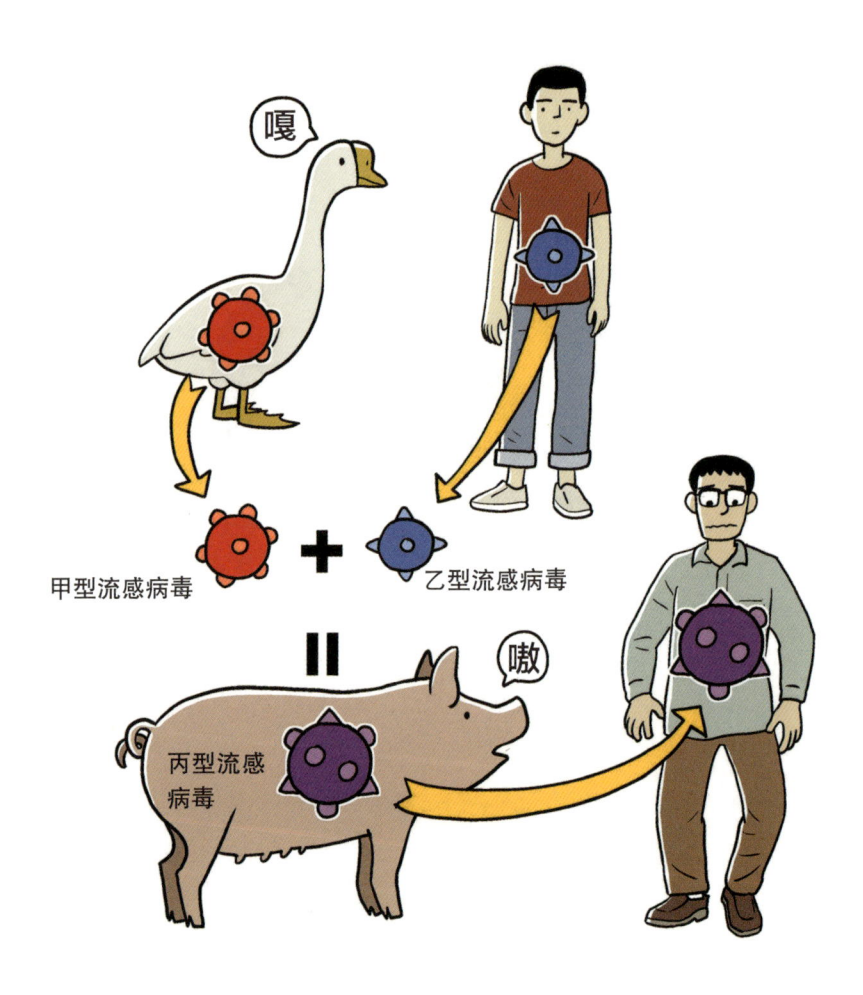

甲型流感病毒 + 乙型流感病毒 = 丙型流感病毒

的鸡鸭的排泄物传染人类，因此，经营养鸡场或屠宰场及加工厂的人极易被感染。但是，H5N1不耐高温，75℃以上加热30秒后，病毒就会被杀死，因此肉类只要煮熟后食用还是安全的。目前感染禽流感的人大多是频繁接触被感染的鸡鸭，尚未发现人与人之间感染的病例。可是，如果H5N1产生变种，在人与人之间传染的话会怎样呢？肯

主要流感和死亡人数

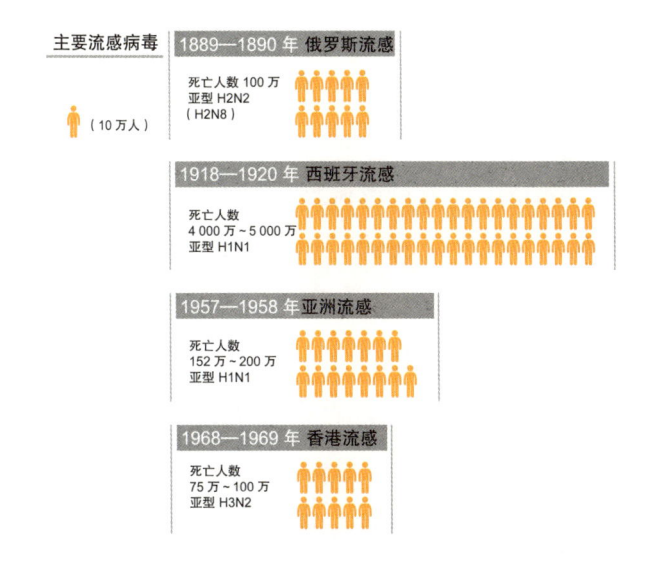

主要流感病毒

👤 (10万人)

1889—1890 年 俄罗斯流感
死亡人数 100 万
亚型 H2N2（H2N8）

1918—1920 年 西班牙流感
死亡人数 4 000 万~5 000 万
亚型 H1N1

1957—1958 年 亚洲流感
死亡人数 152 万~200 万
亚型 H1N1

1968—1969 年 香港流感
死亡人数 75 万~100 万
亚型 H3N2

20 世纪，人类经历了四次流感大流行。一种最早在香港暴发的流感截至目前还有人死亡。因此流感的暴发依然令人恐惧

定会引发恐慌大流行。为应对这种情况，在禽流感发生时，需要对其类型进行持续全面的研究考察。

1918 年流感，比战争更具破坏性的传染病

2009 年 3 月发生的甲型 H1N1 流感感染了全世界约

26万人。即H1N1流感病毒具有人与人之间打喷嚏就能相互传染的强大传播力和较高的致死率。它首先出现在美洲，一个月之后就扩散至全世界214个国家和地区，世界卫生组织宣布把警戒级别提高为六级。截至2010年8月，有1.85万名以上的人被该流感夺走了生命。流感造成人员大量死亡的现象在20世纪以后已经出现了4次。1918年的流感最为严重，全世界约5亿人被感染，死亡人数最多，高达5 000万；1957年在亚洲首先暴发的流感造成最多200万人死亡；1968年在香港首先发现了致死率高达70%的流感。

21世纪大流行的新型流感，因治疗药物的开发，并未造成如此大的人员死亡，但是，之后发生的严重急性呼吸综合征（SARS）和中东呼吸综合征表现出较高的致死率，人们对传染病的恐惧依旧持续。

"虽然不知道第三次世界大战会使用何种武器，但是第四次世界大战肯定会用木棍和石头开战。"爱因斯坦认为，如果再次爆发世界大战，人类至今创造的文明就会毁于一旦，人类将重新回到文明以前的时代。战争带给我们"一无所有"的恐惧感。但是，造成死亡人数远大于第一次世界大战的流感，为何没有引起我们足够的警惕呢？

一代通常指30年，所以人口增加时，即使时间再短，也要过30年以上，才能说增加了一代人。但是，人口减少时并非如此。战争爆发或传染病流行可以使人口在极短时间内迅速减少。1918年发生的流感造成大量人口死亡，比因黑死病而死亡的欧洲人口还要多，但仅仅花了两年时间。之所以造成如此高的死亡率，是因为流感流行之后，并发症（病毒性肺炎）的影响危害极大。

雪上加霜的是，战争和传染病同时发生的情况也很多。通常战争横扫过后，极度贫困紧随其后。贫困造成人们身体虚弱，传染病乘虚而入，这是短时间内人口减少的重要原因。

1918年春天，流感在包括美国在内的多个国家和地区发病，当时虽然传染力强，但症状不明显。但是在8月，随着第一例死亡者的出现，开始第二次流行，不仅传染力

西班牙流感

1918年暴发的流感被称为"西班牙流感"。但这场流感并不是源自西班牙。至今尚不明确1918年的流感源于何处。该流感同时在第一次世界大战的参战国法国、德国、美国等国家间流行。但是因为这些国家正处于战争状态，政府控制媒体舆论，使之不为人所知。而西班牙没有参战，由于对战时报道没有进行审查，所以媒体对流感进行了深度报道。因此1918年的流感就被冠名"西班牙流感"了。

强，而且变成了非常致命的流感。第二次疫情暴发，从8月到10月，20%的美军被感染，因肺炎等并发症，美军死亡人数远远多于因负伤或毒气造成的人员死亡。1919年春天，第三次暴发，其致命的传染性与第二次相似，当时除了新几内亚岛和太平洋上的几个小岛外，几乎传遍所有地方。1918年流感流行的10个月间，仅美国就有55万余人死亡。我们切实感受到了流感的威力。

同年，日本殖民统治下的朝鲜半岛也暴发了流感，史称"戊午年流感"。朝鲜740多万人被感染，14万余人因此丧生。当时没有分离、保存病毒的技术，因此无法分析发病原因。

普通感冒或流感患者通常以老人或虚弱者居多。但诡异的是，1918年流感造成的死亡多为20~35岁的青年或年轻军人。第一次世界大战波及30多个国家，卷入世界约15亿人口。结果，不论是战败国同盟国，还是战胜国协约国，在人力物力方面都遭受重创。最初预想战争会很快结束，然而事与愿违，战争持续了四年，把欧洲变成了一片废墟。战场上的军人躲在积满污水的脏乱战壕里，环境恶劣。军人本身就是病菌的产房，加上无法正常饮食，身体无比虚弱。战争的最后一年1918年，为传染病的流行"创造"了最佳条件。

1918年流感大流行

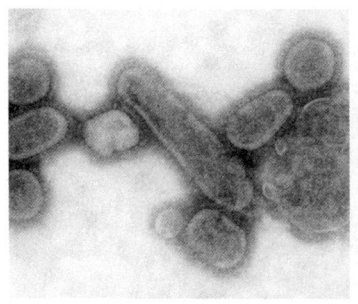

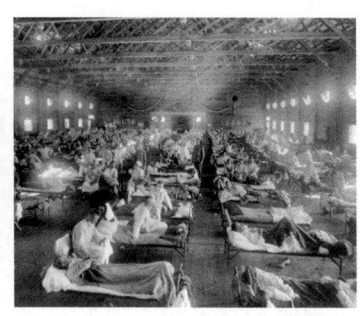

电子显微镜下拍摄的1918年的流感病毒（左），1918年流感大流行时美国某所大学体育馆里接纳的患者（右）

　　1918年至1919年暴发的流感作为单一传染病造成了最多死亡人数。战争造成的饥饿、生活环境恶劣、压力等使人免疫力下降，再加上交通手段的急剧发展，人们能更快地跑到更多的地方，接触更多的人。即便有人患病，照料他们的人员、设备严重缺乏，导致感染流感的患者出现并发症，最终死亡。流感病毒不分敌我，不念私情，四处传播，德国军队也未能幸免。结果，1918年11月，德国投降，第一次世界大战结束。

　　当时如果能正确使用抗生素，就能挽救很多人的性命。幸运的是，如今研制了很多抗生素，不会像过去那样

出现大量人员死亡。相反,随着抗生素的使用增多,抵抗抗生素的细菌数量和种类也越来越多,耐药性越来越强,这是我们新的担忧。

霍乱，战争和工业化培育出的"死亡化身"

如前所述，战争和传染病对短期内人口减少的影响最大。战争和人类的历史同步，人类生活的地方总是有大大小小的战争。因战争造成的人员伤亡、经济损失超过任何时候。随着人口和经济规模的增大，武器的不断现代化，战争造成的人员伤亡越发严重。公元1年至16世纪前，战争造成的死亡人数大约为370万，16世纪达160万，17世纪为610万，18世纪为700万，19世纪为1940万，20世纪有1亿～2亿。传染病时而伴随战争，时而紧随战争而至，造成的死亡人数远远多于战争。但是，大多数情况只记录战争造成的死亡人数，传染病造成的死亡人数却无从把握。当然，因战争和传染病减少的人口数占全部人口的比率不足1%。许多国家的政治、经济、社会问题错综复杂，这些才是影响人口变化的主要原因。

伴随严重腹泻的伤寒、痢疾、霍乱等主要通过人类的排泄物传染。在战争等残酷而不卫生的环境中，很容易患上腹泻病，因此这类疾病被划为战争疾病群。这种腹泻病属于介水性疾病，只要把手洗干净，细菌感染情况就能减少一半。

伤寒是由沙门菌引起的，痢疾的一种由志贺菌引起，霍乱是由霍乱弧菌引起的。全世界每年有1亿多人感染痢

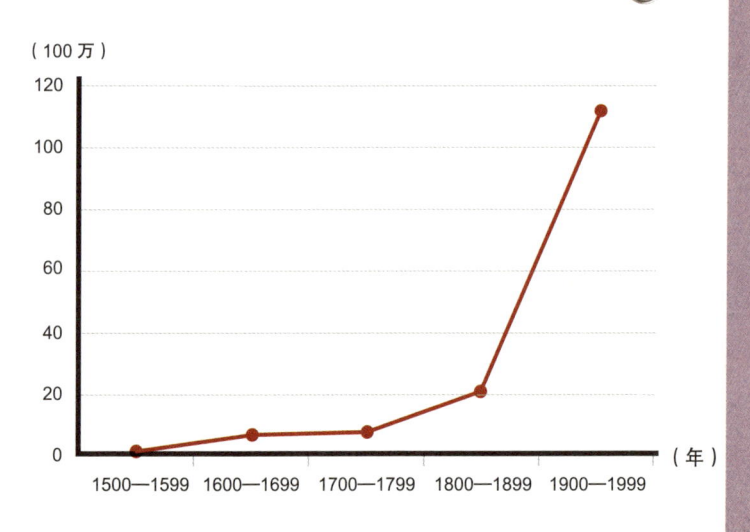

1500—1999年，因战争造成的死亡人数

随着人口、经济规模的增大及武器等的现代化，战争造成的人员伤亡、物力损失越来越严重

疾，卫生状况是最主要的发病原因，患者多为发展中国家的儿童。感染痢疾的儿童因腹泻而脱水，每年都有数十万人死亡。伤寒潜伏期为1~2周，主要症状为发热、腹痛、头痛等。此时，如果不及时治疗，25%的患者会死亡。霍乱通过霍乱弧菌破坏肠道功能，引起腹泻，使人每天能脱失5升体液。脱水严重者数小时后就会消瘦，皮肤暗淡无光，死亡率极高。

霍乱

21 岁的威尼斯女性感染霍乱前后的模样

英王征服者威廉死于伤寒，爱德华一世和亨利五世死于痢疾。1854 年的克里米亚战争中，死亡的英国士兵有 3 000 余人，而因霍乱等传染病死亡的人数多达 1.8 万。从 1861 年开始，在长达 4 年的美国内战中，有 9 万余人战死，而因伤寒和痢疾等死亡的人超过了 8 万。

1889 年至 1902 年，英国为了赶走首先在南非扎根的布尔人，挑起了战争。面对全部兵力不过 8 万多的布尔人，

布尔人

南非荷兰移民的后裔。17世纪中叶，荷兰的东印度公司为了开拓殖民地进驻南非。但在布尔战争中失败，从而接受英国的统治。

地方病

地方病指居住在某特定区域的居民持续发生的疾病。流行病指的是在比较宽广的地区（通常指一个国家）发生的流行性疾病，其规模要比大流行小些。

英国最多时动用了45万士兵，勉强征服了布尔人。当时在战斗中死亡的人约6 500名，而患伤寒死亡的士兵多达1.1万。当时的人们都知道，伤寒属于介水疾病，只要把水煮开了喝就能预防。但是当时的军队指挥官并未采取合理的卫生措施，放任士兵饮用被污染的河水。这正是直到19世纪，在战争中感染疾病死亡的士兵远远多于战死者的原因。

代表城市恶劣卫生状况的疾病霍乱，原本是印度的地方病，随着工业化的推广，成为蔓延全世界的传染病。战争过后也会发生介水传染病，但是19世纪迅速成长的城市面对疾病表现得非常脆弱。工业化引起的人口增长和城市化使得居住环境恶化，生活在城里的贫民的处境和战场上的士兵一般糟糕。

工业化越是推广，耕地面积越是减少，失去了土地的农民纷纷迁移到城市，成为工厂工人。城市为了接纳他们，就在工厂周围盖房子。为了用低廉的价格盖更多的房子，建造了不少基础工程不合格的房子。如此一

19 世纪英国城市贫民窟的共用水井

工业化时期，英国城市贫民窟的贫民在排队从共用水井里汲水

来，城市越来越大，城市人的垃圾和排泄物通过江河水外排。江河在处理污物的同时，又是城市居民唯一的饮水源。

随着时间的推移，移居城市的人越来越多。一个房子里两三户人家一起租住的情况时常发生。很多住户共用一口井，使用公共卫生间。很多人制造的垃圾和污物都积满了院子也无法处理。污物流到共用水井的事情也司空见惯。江河因为下雨流速快，情况相对好些。跟风上马的工厂排出的废弃物和废水也污染江河。介水传染病由此获得了绝佳的肆虐条件。

在这样的社会环境中，英国的船舶停靠在了包括加尔各答在内的很多印度殖民地，俄罗斯在同一时期占领了克里米亚半岛和高加索地区。该地区居民多为穆斯林，在去霍乱肆虐的地区朝圣时把传染病带给了他人。

在印度也是如此。人们为了朝拜印度教，集合在恒河下游参加宗教仪式。于是原本只是印度地方病的霍乱就被人们在潜伏期状态下带回故乡，从而广泛传播开来。1817年，在恒河流域的加尔各答发生霍乱时，传染病的传播途径变得更加广泛，远远超过以往。以往扩散范围仅限于朝拜印度教的地区之内，而1817年的加尔各答已经成了世界航海的中心。

仅19世纪，霍乱在欧洲就有5次大流行。第一次霍乱大流行从1817年持续到1824年，从加尔各答出发，通过海运经由马六甲海峡传到印度尼西亚、菲律宾等东南亚国家。1820年霍乱席卷中国的北京和东北部地区，在1821年波及朝鲜半岛。当时朝鲜半岛的人口为800万，据推测，有超过10%的人死于霍乱。1822年，日本也开始霍乱大流行。

19 世纪 30 年代的第二次大流行更加严重。霍乱经由俄罗斯南部传到当时和俄罗斯作战的波斯、土耳其、波兰等,紧接着在 1831 年传到波罗的海。1831 年 10 月,在英国发现了一名霍乱患者,之后在 1833 年霍乱蔓延英国全境,同年末传遍整个欧洲。又随着爱尔兰移民于 1832 年传到加拿大、美国,1833 年传至墨西哥。霍乱沿着开辟成熟、速度快的航海线传向全世界。第二次大流行时,霍乱在穆斯林的圣地麦加扎根,之后沿着穆斯林朝拜圣地的途径向各个地区传播。

第三次霍乱大流行造成英国 2 万人、法国 2.4 万人、意大利 14 万人死亡。第三次大流行的 1859 年至 1860 年,在朝鲜半岛也流行霍乱,当时死亡人数超过 50 万。当然,死亡人数如此之多,还因为当时饥荒造成人身体虚弱。跟工业化的西欧比起来,朝鲜半岛的生活环境相当恶劣。那儿的生活用水通过下水道排出,流向人工河道,再加上河道周边的非法木板村也把排泄物冲到河道里,所以当降雨

第一次霍乱大流行发生的地区
1817 年源于恒河周边的地方病霍乱目前经历了 7 次全世界大流行。第一次大流行从印度出发 5 年间迅速扩散至中国、东南亚、欧洲、非洲等。

量不足时，河道的水冲不下去，腐臭的味道铺天盖地。当发洪水时，这样的污水就会冲到道路上和水井里。整个地区的环境很差。而且，多人聚集分食的风俗、城市中心人口密集等也是传染病扩散的重要原因。

全世界流行的霍乱在进入 20 世纪后又出现了两次大流行。但是，自 1883 年科赫发现霍乱弧菌以来，经过饮用水源的消毒和霍乱疫苗的接种，其对西欧和美洲大陆并未造成多大伤害。直到 20 世纪 90 年代，在印度和孟加拉国还发现过霍乱的新型变种。

在现代社会，我们无法想象没有干净水源的城市。净水供给的中断并非仅仅带来短暂的生活不便。水质污染和人类的生存息息相关。

黑死病，历史上最严重的灾难

从公元 1000 年左右之后的三个世纪里，欧洲的人口持续增长。定居地人口增加，形成新的城市。原本不太肥沃的土地被开垦耕种或居住。此间欧洲人口增加 2～3 倍。频频发生的各种危机也未能阻挡人口迅速增长的趋势。

但是，有证据表明，在 13 世纪末至 14 世纪初，人口增长的趋势开始缓和。定居地不再增多，到处都是人口增长停滞。社会到底发生了怎样的变化呢？

导致这一时期人口增长停滞的原因错综复杂。首先和最肥沃土地的枯竭、技术发展的中断直接相关。同时，随着小冰期的到来，气候恶化，粮食不足的现象频繁发生。这也导致了人口增长停滞。然而，这些危机和导致巨大人类灾难的黑死病相比，小巫见大巫了。14世纪中叶暴发的黑死病在1340—1400年夺走了欧洲三分之一的人口。那时开始的人口减少持续到下个世纪都没有恢复。

黑死病是抑制人口增长的外部力量。它的威力和社会组织的形式、发展程度、定居的密度等没有关系。黑死病的感染率和致死率与个体的健康状况、年龄或营养状况也无多大干系。城市人口和农村人口同等受害，除了几个孤立的地区外，就算人口少的地方对防止疾病扩散也起不了什么作用。人和货物的移动很容易使该病从大陆的一端迅速传到另一端。

1348年之后的一个世纪里，欧洲人口因为大传染和接下来的反复发病而持续减少。直到16世纪，欧洲的人口才恢复到1340年的水准。但是，到了17世纪后期，在黑死病完全消失之前，它依然是阻止人口增长的绊脚石。

疾病一扩散，人们就回避怀孕和生育。黑死病的高死亡率摧毁了婚姻生活，而且随着结婚的人少了，家庭组织也解体了。与黑死病导致的高死亡率不同，出现了出生率本身降低的现象，因此人口恢复需要更长的时间。

黑死病的死亡率和社会身份、宗教信仰毫无关系。这彻底动摇了传统的身份制度和对宗教的信仰，封建社会和现有的宗教开始崩塌。随着人口的大幅减少，导致大量可用土地和劳动力不足，粮食价格下跌。由此，农民的工资上升，农民的自由选择权扩大，这成为欧洲社会建立新秩序的契机。

黑死病的危害稍稍衰退后，人们开始努力恢复人口。新的家庭组织很容易就能获得维持独立生存的必要资源。这减轻了结婚的经济负担，结婚率有所回升，刺激了人口增长。因此，15世纪初，在意大利佛罗伦萨的托斯卡纳，

黑死病的影响

黑死病灾难在1352年席卷了整个欧洲。15世纪前期，人口降到最低水平。但是并没有资料准确显示人口减少的具体规模。对法国、西班牙、英格兰、德国等进行的区域性研究显示，这一时期人口损失高达30%~40%。大城市里大街小巷空无一人、村庄荒芜、郊区废弃都有力说明了当时的情景。

5　席卷整个人类社会的传染病

早婚盛行。之后，结婚年龄逐渐增加：1427年为17.6岁，1458年为19.5岁，1480年为20.8岁。特别是在托斯卡纳的普拉托城中，1327年结婚年龄为16.3岁，1427年为17.6岁，1470年为21.1岁。

另外，在卫生保健方面，采取了很多应对黑死病的社会措施。对感染或疑似感染的人或货物采取隔离检疫，对感染致死者的房屋进行封锁，准备了多种公共医疗方案。这些措施对黑死病在欧洲大陆的消失发挥了一定的作用。

天花，灭绝两大帝国的传染病

欧洲和亚洲从很久以前就出现了天花，造成大量人口死亡。但500多年前，在哥伦布到达美洲之前，形成美洲大陆文明的阿兹特克人和印加人从未接触过天花，因此对天花没有免疫力。天花从欧洲跨洋而来，登陆美洲大陆后以惊人的速度传开，不到一个世代灭绝了整个阿兹特克文明和印加文明，千百万原住民短时间内消失。这一事件是传染病对人口减少起到多大作用的典型例子。

自1492年哥伦布登陆位于西印度群岛中部的伊斯帕尼奥拉岛以来，西班牙征服者残酷杀害原住民。原住民起初热烈欢迎欧洲人，但在看到欧洲人强奸、杀害原住民的残忍野蛮行径后，开始激烈抵抗。在人数方面，原住民占绝对优势，但欧洲人持有强有力的武器——枪。尤其是哥伦布第二次航海时跟随的1 200名手下，他们无比粗暴、残忍。他们与伊斯帕尼奥拉岛原住民——泰诺人之间发生了激烈的战争。战争长达一年，哥伦布的手下屠杀了几十万原住民，侥幸存活的人被迫成为欧洲人的奴隶。

欧洲人除了枪等强有力的武器外，还有连他们自己都不知道的致命武器。欧洲人身上有很多传染病菌，他们对病菌多少有免疫力。1518年，因非法购买的非洲奴隶，伊斯帕尼奥拉岛首次暴发了天花。对天花没有免疫力的原住民因此丧命。哥伦布到达美洲时原住民约有2 000万，而在16世纪大量死亡。之后非洲黑人奴隶替代他们成为劳动力。目前，位于伊斯帕尼奥拉岛的海地和多米尼加共和国的主要人口是黑人，或者黑人和白人的混血。

阿兹特克文明发源地中美洲的情况又如何呢？大约1500年，阿兹特克首都特诺奇蒂特兰有30万居民。蒙特祖玛二世统治周边几个部落。曾经是狩猎民族的阿兹特克人大约在1300年定居特诺奇蒂特兰，并迅速崛起。100多年后，他们打败了统治他们的部落，同邻邦特斯科科、

西班牙征服者屠杀原住民

1504年,德·布雷画的木版画。哥伦布第二次航海时跟随的西班牙征服者残酷杀害岛上原住民。他们毫不犹豫地割掉反抗者的鼻子、耳朵、手腕,并且进行掠夺和强奸

特拉科潘结成了"阿兹特克联盟",征服周边地区。在蒙特祖玛一世时,他驱逐同盟部落,确保统治权,建立了庞大的阿兹特克帝国。

但是,阿兹特克帝国在不断开疆拓土的过程中因治国

不当，逐渐进入衰退期。蒙特祖玛二世在1502年即位。他的阿兹特克帝国遭到对黄金垂涎三尺的欧洲征服者的侵略，加上天花肆虐，整个帝国岌岌可危，最终毁灭。

1519年，西班牙贵族科尔特斯率领600名手下抵达阿兹特克帝国。蒙特祖玛二世确信这些白面孔的大胡子就是羽蛇神魁札尔科亚特尔的特使，并盛情邀请他们入宫。但是，科尔特斯挟持蒙特祖玛二世，并索要更多的宝物。科尔特斯一行在获得巨额黄金后，进而要抢夺其统治权，在交涉失败后爆发了全面战争。科尔特斯的军队败给数量上占优的阿兹特克军队，暂时退兵。

1521年8月，科尔特斯军队再次发动攻击。虽然阿兹特克军队和原住民冒死抵抗，但无法摆脱城市陷落的命运。不过此次科尔特斯军队能轻而易举毁灭阿兹特克帝国，是因为科尔特斯的一名手下4个月前染上了天花，而在之前退兵时感染了阿兹特克人，阿兹特克人对天花没有免疫力。科尔特斯率领的西班牙军队抵达阿兹特克时满地尸体，军队须踏尸前行。这些残酷的死亡不是战争所致，而是天花肆虐的恶果。

天花有恶性天花、类天花、牛天花三种。因为这些都是同一病毒的变种，所以患上任何一种天花后如果治愈

了，就会产生免疫力，不会患其他两种天花。16 世纪在欧洲盛行的天花是类天花，但是 1521 年传遍特诺奇蒂特兰的是恶性天花，其传染速度和致死率超乎想象，杀死了阿兹特克近一半人口。此后，几乎每隔 10 年就流行一次天花。

1531年、1545年、1564年、1576年流行的天花消灭了西班牙人入侵前约2 000万的阿兹特克人中的80%～90%。到17世纪初，原住民人口不到16世纪初的10%。

自15世纪到16世纪初，印加帝国曾统治广大区域，包括秘鲁、玻利维亚、智利部分地区。然而，1527年，皮萨罗率领的西班牙侵略者到来之前，印加帝国因天花流行，人口大量减少，统治阶层也早早瓦解。

皮萨罗入侵之前，16世纪20年代，天花先行一步到达印加帝国。此时的印加帝国正忙于扩张领土和加强国力。印加帝国国王在征服哥伦布的路上因天花丧命，他的长子、王位继承人也因天花丧命。印加帝国因继承人纷争出现内乱，处于你死我活的状态。此时，皮萨罗率领180多名军人入侵，擒获新国王阿塔瓦尔帕，并向印加帝国索

天花猛于虎

天花在韩国又称"MaMa"。"MaMa"主要用于王或王妃，表示尊称，相当于"陛下、殿下、娘娘"之类的称呼。把天花称为"MaMa"，表明其于人之威严、于人之可怕。感染天花后，不论身份高低，大都难免一死。英国的玛丽二世就死于天花，时年32岁。法国的路易十五也死于天花。俄国的彼得二世、清朝的同治皇帝都在即位不久染上天花而离世。患天花后即便活下来，脸部也会起麻疹或疱疹，从而留下痘痕或麻子。把长相不好看的人称为"薄色"，就是因为其脸上有麻子。

要赎金。言而无信的皮萨罗拿到满屋的黄金后就杀害了印加国王。3年后，皮萨罗彻底征服了印加帝国。皮萨罗之所以能以少数人征服印加帝国，是因为天花导致国王和王位继承人死亡，并且由此引发了统治阶层内乱。天花使原住民人口持续减少，因此原住民对侵略者的反抗也终成泡影。1572年，印加帝国灭亡，灿烂的印加文明从此销声匿迹。

关于天花最早的记录是3 600年前埃及木乃伊身上的痘痕。印度和中国大约在公元前1000年便有天花记录。18世纪，在欧洲因天花丧命的人数达到6 000万。进入20世纪后，全世界有3亿人因天花丧命。在天花存在的几千年里，不管是在欧洲、亚洲，还是在美洲，它的传染性之强、肆虐范围之广、致死率之高，可谓使人"闻风丧胆"。

然而，人类从传染病发病原因的定居生活和家畜中找到了治病的方法——免疫。历史不断轮回。美洲原住民直到15世纪不养家畜，因此未患过家畜引起的传染病。当早已开始定居生活、身上有免疫力的欧洲人携带传染病到来时，这些人束手无策，不断死亡。结果，创造灿烂文明的两大帝国在短短一个世纪失去了90%人口，自此退出历史舞台。

卡哈马卡战斗

皮萨罗在卡哈马卡广场战斗中擒获印加帝国国王,对其处以火刑,并派军队占领印加首都库斯科,继而征服印加帝国

防止传染病的努力和人口增长

天花是人类首次,也是唯一被彻底消灭的传染病。人类发明了给人体接种疫苗的种痘法。种痘法分为两种,一种是从类天花患者体中提取疫苗的人痘法,一种是从牛体中提取疫苗的牛痘法。发明"天花疫苗"的最大功臣是

爱德华·詹纳。反复进行牛痘接种试验成功后，詹纳向英国皇家学会汇报牛痘接种能预防天花的试验结果，并于1798年发表了《天花疫苗因果之调查》。

詹纳的牛痘法公布之前，人痘接种法在英国被普遍使用。据传，最早使用人痘接种的国家是印度。玛丽·沃特利·蒙塔古女士是把人痘接种法带到英国的大功臣。玛丽·沃特利·蒙塔古女士是英国驻君士坦丁堡大使的夫人。她看到奥斯曼帝国人用种痘预防天花效果显著。当地人用针扎破天花患者的脓疱，把液体涂抹在正常人的伤口处。神奇的是，通过这种方式，接触患者脓液的人在患上类天花后，就再也不会得天花了。回到英国后，玛丽在很多人面前对自己5岁的女儿实施种痘。人痘接种法因她的影响而在未来几十年传遍欧洲大陆，挽救了无数的生命。但是，人痘法有一种严重的缺陷：有相当数量接种过天花痘的人没能患上类天花，而是患上了恶性天花，给自己留下了累累的痘根，有的甚至丧命。

詹纳跟其他医生一样，使用人痘疫苗法预防天花，但他还关注症状与类天花有点相似的牛痘。牛痘是牛患的一种轻度天花。多年的乡村行医经历使詹纳注意到，挤奶工和其他接触牛的人一般不会得天花。因为这些人都曾患过牛痘。鉴于曾患过牛痘或类天花的人再也不会患天花，詹

玛丽·沃特利·蒙塔古女士和爱德华·詹纳

将人痘法从奥斯曼帝国引入英国的玛丽·沃特利·蒙塔古女士（左），发明牛痘法的爱德华·詹纳（右）

纳设想牛痘接种比人痘接种更安全。1796年，詹纳提取了一个奶场女工手上的牛痘脓疱中的脓液，注射给了一个八岁的男孩詹姆斯·菲普斯。不出所料，男孩患了牛天花，伴有轻度发烧，但仅一个星期后便康复了，后来也没患上天花。

詹纳潜心研究，用各种动物做试验，得到无数次成功。两年后，詹纳以论文的形式把研究结果公布于众，但最初不但不被重视，反而遭到强烈反对。宗教界认为传染病是神的领域，人类彻底战胜传染病是亵渎神；用人痘接种预防天花的一些医生担心收入减少，强烈反对牛痘接种。尤其是，从患牛痘的牛身上提取脓液再注射到人体的做法遭到大家的强烈排斥。以往从牛体中提取疫苗的做法发展成从患牛痘的人体中提取血清，此后牛痘法在短短几年内越过英国迅速传播到美洲及亚洲，风靡全世界。

直到20世纪初，拒绝牛痘疫苗的舆论尚存。但是，在国家强有力的强制接种政策下，天花流行强度和死亡率大大降低，牛痘法继而被世界各国接纳。20世纪50年代，世界卫生组织发动全球对天花进行最后的决战。最后一次天花病例是1977年索马里有3人患上天花。从此，天花被彻底消灭了。1980年，世界卫生组织庄严宣布，实施大规模种痘接种预防措施后，除了1979年年末在几个实验室保管的天花病毒样本外，人类终于消灭了曾严重威胁其健康和生命的天花。

医学不发达之前，失误导致的腿上小伤也无法得到正常治疗，常常恶化、发炎，严重时还需要截肢保命。而在截肢过程中经常出现二次感染，导致患者丧命。事实上，在第二次世界大战结束前，刀伤枪伤患者即使做了手术，

实施牛痘接种

1802年,英国著名讽刺漫画家詹姆斯·吉尔雷创作的漫画作品。作品形象有趣地表达了牛痘接种后可能出现的副作用

其存活率也是很低的。原因是,医院的卫生状况极差,很多患者在手术后因细菌感染而死亡。

在克里米亚战争中,在英国斯库台野战医院接受截肢手术的士兵死亡率超过30%。当时,野战医院的卫生状况惊人地糟糕,并且严重缺乏食品和医药品,导致不少士兵感染痢疾、伤寒等传染病。此消息传到英国本土后,英国政府派遣包括弗洛伦斯·南丁格尔在内的护士到战场照顾士兵。这些护士帮患者洗澡、洗衣服，打扫医院卫生，结果英国士兵死亡人数大大减少。从此，护士被称为"白衣天使"。

消毒可以降低患者死亡率，但是一旦患者感染细菌，所有人束手无策。因为当时疾病传染途径尚不为人所知，也就是说还不知道细菌的存在。被称为"细菌学之父"的德国微生物学家罗伯特·科赫主张，各种传染病都有特定的病原菌，而且是可区分的。1882年，罗伯特·科赫发现了引起结核病的结核菌。1883年，科赫发现了霍乱弧菌，查明其感染渠道，并发表了霍乱预防法。

和科赫活跃在同一时期的法国人路易·巴斯德被称为"微生物学之父"，他证明了传染病都是由一种叫作细菌的微生物所引起的。他苦思冥想，找到了阻止微生物令食物发酵或腐烂的"巴氏杀菌法"。1878年起，他致力于鸡霍乱的研究，多次通过试验把微弱的鸡霍乱培养菌注射给鸡，结果鸡产生了免疫力，试验取得了成功。他还研发了炭疽疫苗和狂犬病疫苗。

英国的外科医生约瑟夫·李斯特应用巴斯德发表的有关微生物的研究成果，发展了消毒法，这使他所在的外科医院的术后死亡率降低了约30%。特别是他提出的无菌手术法，引发了现代外科手术革命。

南丁格尔

克里米亚战争时，她极力向英国军方争取在战地开设医院，为士兵提供医疗护理，努力改善地狱般的战地的卫生状况。同时她也是一位统计学家，善于用精细的分析令行政官员信服。她还为改善护士待遇做出了巨大贡献

　　由于巴斯德和李斯特的努力，外科手术过程中感染的危险性大大降低。但是，在第一次世界大战之前，感染了细菌性疾病，或者在截肢手术中被细菌感染，根本就没有挽救生命的治疗方法。

　　这时，英国微生物学家亚历山大·弗莱明发现了能杀死细菌的"奇迹药物"，这就是霉菌青霉素。1928年，弗莱明在实验室意外观察到一只培养葡萄球菌的培养皿中长出了一种蓝色霉菌，在霉菌周围没有细菌生成。细

心的弗莱明对此进一步研究，发现霉菌分泌出的物质具有强大的杀菌能力，抑制了葡萄球菌的繁殖。他将这种物质命名为青霉素。遗憾的是，弗莱明深入研究后一直未能找到将培养液中的青霉素提取出来的方法。1939年，牛津大学的病理学教授霍华德·弗洛里与生化学家厄恩斯特·钱恩在弗莱明研究成果的基础上成功提取了青霉素并推而广之。结果从第二次世界大战末开始，就可以挽救被细菌感染的患者的生命了。因为这项伟大的发明，弗莱明、弗洛里和钱恩共同获得了1945年的诺贝尔生理学或医学奖。

国家和社会系统稳定，人口就大幅增加。17世纪，清朝统一了中国，从康熙到雍正、乾隆年间达到鼎盛时期，政治稳定，国家安宁，人口死亡率明显降低。人口一增加，清朝就向农地投入更多的劳动力。在因地势陡峭或干燥而无法耕种的地方种植土豆、红薯、玉米等作物，大大提高了农业生产力。结果，1700年时人口有1.5亿的中国在1800年达到3亿。

此时，法国、普鲁士、奥地利、英国、俄国、西班牙等因利益时而相互合作，时而反目成仇。持续不断的战争和凶年使得欧洲的总人口在1800年时才达到当时中国人口的一半，即1.5亿左右。但是，工业化的火花燃放前夕，

研究传染病的学者

"细菌学之父",德国的罗伯特·科赫;"微生物学之父",法国的路易·巴斯德;确立无菌手术法的英国医生约瑟夫·李斯特;发现青霉素的英国人亚历山大·弗莱明(从左往右)

欧洲,特别是在英国,已经为人口激增创造出了条件。

当时的英国革新了农耕技术,大大提高了粮食产量。在休耕地种植来自荷兰的芜菁、苜蓿等作物,恢复了地力,又把这些作物作为饲料喂牛,提高了生产力。随着饲养牛的数量的增加,肉类和乳制品的供给增加,人们的日常生活大大改善。蛋白质的摄取量增加了,对传染病的抵抗力随之增强。农民的健康状况改善了,少数人也能完成大量的生产任务,肥料、农具的改良等农耕技术的发展都大大提高了粮食的产量,所有这些,为城市人口的增长奠

5 席卷整个人类社会的传染病 135

定了坚实的基础。

随着牛数量的增多，出现了意外的结果，因疟疾死亡的人数大大减少。疟疾是经按蚊叮咬而感染的传染病，感染者会出现畏寒、发热、出汗等症状。但是，曾经吸人血的蚊子开始转向叮咬牛，吸牛血。但是，牛不是疟原虫的合适宿主，于是疟疾感染就逐渐减少了。

同时，牛痘接种等预防传染病的措施并行，英国人口增多，生产力提高，借此变成了一个拥有强大国力的国家。英国首先兴起工业革命是稳定的政治制度、丰富的煤矿铁矿资源、人口增长等各种社会结构性因素综合作用的结果。其中，因积极采取预防天花等传染病的措施，农村人口增加，粮食产量提高，为城市发展奠定了基础。这也是英国变强大的又一重要因素。

我们考察了人类历史上导致全世界人口变化的主要传染病：随着蒙古帝国的扩张从亚洲向欧洲扩散的黑死病，欧洲人向美洲迁移时带去的天花，原本属于印度的地方病、跟随工业化向城市贫民窟渗透的霍乱，还有不断出现变种引发大恐慌的流感，等等。

传染病在国际化网络形成以后持续威胁着人类文明。全世界范围内的传染病肆虐，不仅导致世界人口大幅减少，还会引起巨大的社会变动，促进卫生保健和医学技术的发展，建立稳定的社会结构和制度。而且，劳动力的减少使得封建的身份制度和土地制度瓦解,向城市迁移的市民们建立起新的社会结构。由此,经济结构、政治体制、文化等各方面都出现崭新的变化。于是,传染病导致的人口增减成为人类历史发展中重要的分水岭。

拓展阅读

细菌和病毒

引起传染病的微生物病原菌有病毒、细菌、寄生虫、霉菌等。由病毒引起的疾病包括天花、脑炎、艾滋病、脊髓灰质炎、流感等，由细菌引起的疾病包括食物中毒、肺炎、结核病、霍乱、梅毒等。

细菌以惊人的速度繁殖，在复制 DNA 过程中会发生突变。通过多种多样的突变繁殖出的一大部分细菌因无法适应环境而被淘汰，但是适应环境的细菌会不断增殖，从而形成适应新环境的群体。通过这种方式，细菌可以在酷寒的极地生存，也能在活火山周边温热的温泉里生长。随着南极冰川因气候变化融化，人们陆续发现了数十万年间一直淹没在冰河里的古代细菌。这些微生物如果和现在的微生物进行遗传基因

细菌的结构

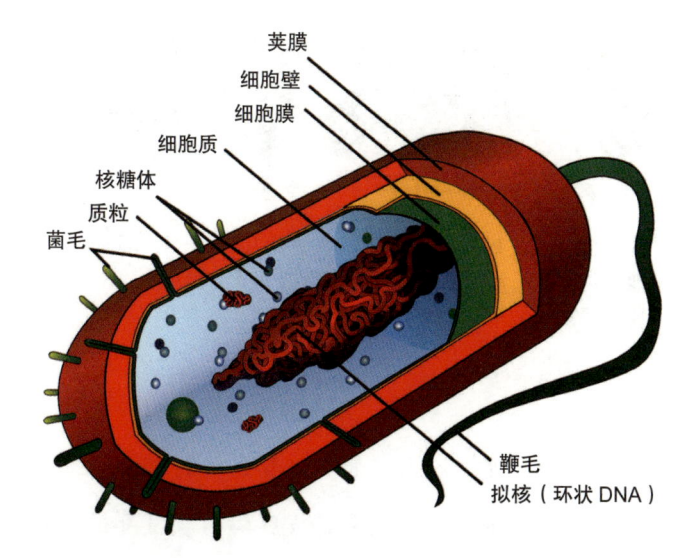

细菌的结构图标注：荚膜、细胞壁、细胞膜、细胞质、核糖体、质粒、菌毛、鞭毛、拟核（环状 DNA）

细菌，单细胞微生物。其大小约为 1~5 微米，相当于人头发粗细的百分之一。细菌主要由质粒和细胞壁等构成，结构比较简单。质粒包括小的含有遗传物质的环形 DNA。细菌繁殖快，每小时增加 1 倍。细菌属于没有核膜、线粒体、叶绿体等的原核细胞

重组，可能会招致人类的免疫系统或药物无法抵抗的新型传染病。

细菌的核内有质粒，呈环状 DNA 分子。当两种

主要的细菌种类

| 霍乱弧菌 | 大肠杆菌 | 沙门菌 | 葡萄球菌 |

霍乱弧菌是霍乱病原菌。大肠杆菌是肠内细菌，引起肠以外的其他部位发病。沙门菌主要是引起伤寒疾病和食物中毒的病菌。葡萄球菌主要是脓的病原菌

细菌共存时，质粒会相互重组转化成新的病原菌。比如，肠内无害的大肠杆菌和诱发腹泻的沙门菌相互重组质粒，无害的大肠杆菌就会变成引发腹泻的病原菌。而且，如果大肠杆菌对抗生素有耐药性，那么，抗生素耐药性的质粒就会转给沙门菌，沙门菌就转化成了对抗生素耐药性的一种菌。

这种过程对于传染病来说是非常重要的。细菌有着和人不同的代谢过程，抗生素只能选择性地杀死细菌。因此，发明青霉素之后，各种抗生素使数以万计的人类摆脱了对死亡的恐惧。但是，细菌能很快适应

新的环境，逐渐对抗生素产生耐药性。这种现象绝不能等闲视之。

病毒的结构比细菌简单。其大小不过细菌的十分之一，能通过细菌过滤器。病毒由核酸基因组DNA或RNA和蛋白质衣壳组成。它没有代谢物质的酶，虽然有结晶体，但是寄生在宿主内繁殖，所以同时具有无生物和生物的特征。

根据宿主的种类，病毒可以分为动物性、植物性和细菌性病毒。根据核酸，可分为RNA病毒、DNA病毒。动物性病毒引起的疾病主要包括烈性乙型脑炎、流感、麻疹、狂犬病、天花等。发生在烟草、土豆上的花叶病等属于植物性病毒引发的传染病。

病毒本身不能制造蛋白质，要侵入细胞，使细胞大量复制病毒，然后放出新的复制病毒。在这个过程中如果发生复制偏差，就会出现变异。当变异病毒有利于生存时，生物体的免疫系统就无法识别新型病毒。其代表就是人类免疫缺陷病毒（HIV），也就是艾滋病病毒。

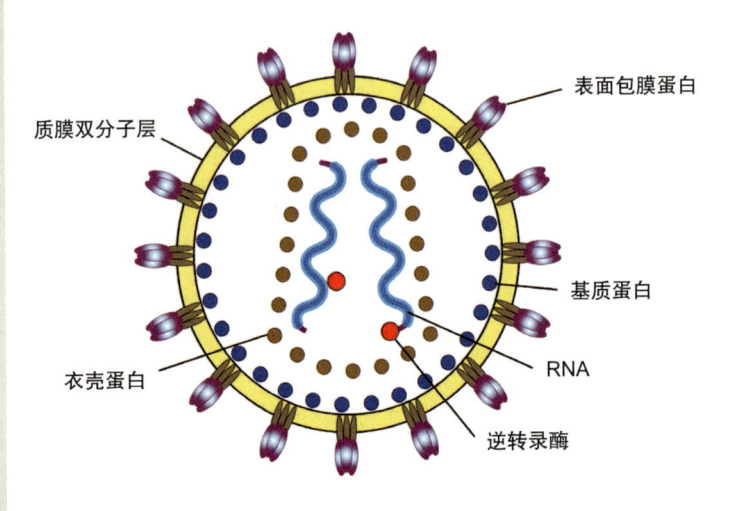

人类免疫缺陷病毒的构造

- 质膜双分子层
- 表面包膜蛋白
- 基质蛋白
- RNA
- 衣壳蛋白
- 逆转录酶

HIV 通过侵入白细胞，把自己的遗传物质与宿主细胞的免疫细胞的染色体结合，从而感染人类。被感染的免疫细胞从数百个增至数千个，弱化人体免疫功能，引起获得性免疫缺陷综合征

1981 年，美国首次发现艾滋病患者，至今全世界每年有 200 余万人因患艾滋病死亡。据 2011 年的统计，感染 HIV 的人有 3 400 万，其中 67% 以上生活在撒哈拉沙漠以南的非洲地区。艾滋病在这个地区的扩散可以使一个国家的平均寿命缩短。博茨瓦纳的平均寿命

在 1995 年为 65 岁，但因为国民感染艾滋病，2005 年时平均寿命缩短至 48 岁，还一度被估计要缩短至 27 岁。但是，在国际的关注和博茨瓦纳政府的努力下，2010 年回升到 56 岁。

继非洲之后，艾滋病很快扩散至亚洲地区。报告称，新感染艾滋病的人中有四分之一在亚洲。据预测，2020—2050 年，在亚洲因艾滋病死亡的人数可能最多。艾滋病不仅仅会破坏一个家庭，还会破坏社会结构。比如，成年劳动力的减少会导致经济发展不稳定，所以它成为更严重的问题。

抗生素只有在治疗细菌性疾病时发挥效用，不能治疗病毒性疾病。病毒性传染病在发病前要靠接种疫苗预防，发病后要注意防止并发症的发生。至于 HIV，虽然研制了抑制病毒的药品，但是离完全治愈还任重道远。

6 世界人口将如何变化？

2016 年，美国人口统计局预测，到 2053 年，世界人口将突破 100 亿。这与 2015 年联合国预测的 98 亿相比，人口增长速度要更快。目前，欧洲、日本、韩国等许多国家面临出生率低的问题，而发展中国家的人口增长率很高。

尽管有这样的预测，但整体人口增长率持续下降，因此越来越多的人担心，与总人口相比，生产和消费主力年龄层的人口减少，会导致"人口峭壁"。美国经济学家哈里·登特在 2015 年世界知识论坛上指出，2018 年世界将面临可生产人口（15～64 岁）急剧减少的人口峭壁以及由此引起的经济萧条。人口出生率非常低的韩国已明显出现老龄化和可生产人口减少的趋势。

那么，在这人口百亿时代、人口峭壁时代，我们将如何看待世界人口变化趋势呢？几个世纪以来，人类为正确把握人口不懈努力，根据人口普查结果，实施各种不同的应对措施。进入现代社会以后，人口是如何变化的？在不远的将来，我们又该做出怎样的选择？接下来我们一起探讨这些问题。

预测人口变化的方法

目前，全世界人口最多的国家无疑是中国，第二个人口大国是印度。2016 年，中国总人口约为 13.8 亿，印度总人口为 12.8 亿。印度目前的人口增长速度比中国快很多。联合国曾声称，大约 7 年后，印度人口将超越中国，成为世界人口最大国。此外，美国、印度尼西亚、巴西、巴基斯坦、尼日利亚、孟加拉国、俄罗斯、墨西哥等人口都超过 1 亿。这些国家的人口占全世界人口的一半以上。100 多年前，世界总人口为 16 亿时，中国人口为 4.1 亿，印度人口为 2.9 亿，两国总人口接近世界人口的一半。

大部分国家在经历工业化以后会出现人口爆发式增长。较早通过工业化成功踏进发达国家行列的国家以人口众多为基础，在工业、信息、通信领域维持高度发展的经济体系，因此从事农业的人口所占比例很低。这些国家包括英国、法国、美国、日本、俄罗斯、中国、韩国等。在这些国家，女性积极参与社会活动，年轻人的婚姻观和生育观发生了变化，导致出生率下降，人口增长停滞甚至减少。但是，最近才开始推行工业化的东南亚和拉丁美洲国家保持着低死亡率和高出生率，因此人口增长率明显高于发达国家。

要想一眼看懂特定国家或地区的人口变化，就要看人口年龄金字塔。人口年龄金字塔是以金字塔形式表示的一定时期各年龄层的人口数和人口比率。人口金字塔可分为"埃及金字塔"形（幼少年层多、老年层少）、"缅甸佛塔"形（老年层增加、幼少年层减少）等。比较不同类型的人口金字塔，可以看出不同时代社会、经济变化。发达国家的死亡率和出生率同时下降，出现"缅甸佛塔"形，人口结构几乎维持不变。但是，随着出生率的减少，逐渐变成纺锤形，人口也逐渐减少。20世纪30年代，美国因经济大萧条，幼少年层减少，人口金字塔呈纺锤形。第二次世界大战结束后，出现"婴儿潮"，人口金字塔呈葫芦形。朝鲜战争结束后的1955年，韩国幼少年层剧增，人口呈埃及金字塔形，目前，中青年层和老年层比重大，呈纺锤形。

一个国家的人口增长必须考虑人口迁移。目前,世界人口中约有2亿因为移民或就业等移居他国。这是1965年的7 500万移居人数的约3倍。人类国际迁移的主要原因有政治、宗教、经济等,但最近的迁移主要是经济。贫穷国家的劳动者主要迁移到西欧、美国、日本等经济富裕的国家或西亚的产油国、澳大利亚等。在欧洲,20世纪中叶,因劳动力不足,外国劳动者的流入全面开始。移民的出生率提高改变了这些国家的人口结构。因随后的经济长期萧条,酬金和就业机会减少,本国人和移民之间的矛盾日益加深。

另外,为了解人口增长速度,可以比较人口增加2

人口增长率

人口增长率是一定时期内(通常为1年)由人口自然变化和社会变化(迁移)而引起人口增长的比率。1970—1975年,韩国的年平均人口增长率为1.98%,而2005—2010年锐减为0.58%。少于0%的人口增长率意味着人口减少。日本、俄罗斯、德国的人口增长率就在0%以下。西亚和非洲中部地区的人口增长率为2%以上,这些地区的人口持续增加。利用年平均人口增长率可预测一定时期后的人口数。据预测,2032年以后,韩国人口会面临1.03%的负增长。根据2016年韩国统计局的预测,至2065年,韩国人口将减少到4 302万。

倍所需的"人口倍增时间"。1970年,韩国年平均人口增长率为1.96%,人口倍增需要35年零4个月,因此到2005年,韩国人口应该增加到6 200万。但是,韩国的人口增长率不断降低,2005年的实际人口为4 700万。

再来看看世界人口增长的速度。世界人口从10亿增加到20亿花了118年。但是,目前增加10亿仅需7~8年,从50亿到100亿仅需43年。发达国家的人口增长率停滞,而发展中国家的人口增长率有的地方超过2%,因此世界人口持续增长。

人口增长和人口减少,究竟哪个才是问题?

随着非洲、亚洲、南美洲等一些发展中国家卫生环境的改善和医疗技术的普及,其死亡率急剧降低,但出生率却缓慢降低,因此人口呈现爆发式增加的趋势。人口剧增必然导致粮食不足、资源匮乏、环境污染等问题。并且大量农村人口的迁入和城市较高的出生率加速了城市化的进程,造成大城市人口过密问题。怀抱致富梦想移居城市的大部分人事实上并没有熟练的技术,很难在城市找到合适的工作,多半沦落为城市贫民。

随着世界人口的增加,经济发展出现不平衡,贫民阶层开始增多，传染病肆虐，环境被污染，粮食与能源匮乏。人口爆发带来的种种负面影响不断扩散，引起全球不安。另外，人口峭壁时代的到来又提出了新的问题。20世纪以来人口的爆发性增长停滞了吗？

纵观人口变化过程，起初死亡率低，则婴幼儿死亡率也低，于是儿童、青少年所占人口比重增加，但是之后出生率降低，就会进入老龄化社会。一个国家想维持现阶段人口水平，总和生育率应达到2.1以上。但是，包括发达国家在内的很多国家总和生育率在2.1以下。韩国的总和生育率比世界发达国家的平均值1.64还要低，只有1.17。自2001年以来，韩国的总和生育率不到1.3，属于超低出生率国家。2016年，韩国的总和生育率为1.17。这种局面如果持续下去，韩国人口到2056年将减少至4 000万，2136年减少至1 000万，到2750年，韩国人口将会灭绝。韩国的人口减少速度远远快于日本。据预测，日本人将于3300年从地球上消失。

导致低出生率的原因复杂多样。随着经济的发展和平均收入的增加，女性的社会活动也增多。在家庭义务和社会工作的双重压力下，女性选择晚生育，加上价值观的变化，结婚年龄越来越大。1995年，法国为了克服极为严重的低出生率问题，长期实施奖励生育政策，从而成为欧洲成功解决低出生率的国家。目前,法国把 5%～6% 的国内生产总值用于家庭政策预算,政府对家庭的补贴项目达 30 多种,对生育和养育提供多种补助金。

纵观人类历史,虽也曾存在死亡率大幅升高的时期,但是整体呈现死亡率逐渐降低的趋势。发达国家的出生率和死亡率都低,因此人口增长停滞,进入了老龄化社会。人口的变化主要源自以下几种因素:农业生产力的提高,工业化引起的经济增长,教育的推广,卫生环境的改善,医学技术的发达等。随着死亡率降低,平均预期寿命大幅度升高。20 世纪初,美国人平均寿命是 47 岁,而到 2015 年则增加到 79.3 岁。18 世纪,世界平均预期寿命是 25 岁,

总和生育率

总和生育率指可生育的女性(15～49 岁)一生生育的子女数。一对夫妻对应 2 名子女,考虑因事故、疾病等死亡的情况,在原有基础上加上 0.1,所以平均每个家庭生育 2.1 名子女才能维持现有人口水平。2016 年,欧洲、北美洲等发达国家和韩国的总和生育率低于 2.1,非洲、拉丁美洲、东南亚的总和生育率高于 2.1。非洲国家的总和生育率非常高,但是婴儿死亡率也很高,另外,艾滋病等死亡率高。所以,虽然非洲国家目前的人口增长率很高,但长期来看,人口增加速度可能会趋缓。

而到2015年增加到71岁。平均预期寿命是根据死亡率计算出该年出生的人未来存活年龄的指标。2015年，韩国男性的平均预期寿命为78.8岁，女性为85.5岁。

一个国家或地区65岁及以上的人口比例达到7%~14%，即可被称为进入了老龄化社会。65岁及以上的人口比例达到14%~20%即可被称为老龄社会；65岁及以上的人口比例超过20%，则可以被称为过度老龄社会。2006年，日本首次进入过度老龄社会。目前大部分发达国家都开始进入老龄化社会。老龄化发生的原因有多种：婴幼儿死亡率降低，出生率降低，平均寿命增加等。老龄化导致一系列社会问题，如，作为经济活动中坚力量的青壮年的养老费用增加、医疗费等老人福利费用上升、劳动力严重不足等。

韩国自2000年进入老龄化社会后，老龄化进程迅速，2017年进入老龄社会。2005年，每100名劳动人口养12.5名老人，到2016年，上升到18名，预计2030年上升到38.3名，2050年上升到72.6名，2060年上升到82.6名。在老龄社会，因需养老年人口，经济活动人口的纳税额增加、社会保障费负担增加，由此引发世代矛盾，使年轻人的经济负担、社会养育责任等问题逐一浮现。

2013年，美国国际新闻工作者艾伦·韦斯曼在《倒计时》一书中主张，在过剩人口时代，为可能持续的未来，必须实施人口调节。相反，美国经济学家哈瑞·丹特在《人口峭壁》一书中主张，虽然世界人口增加，但劳动人口减少和老年人口增加，会出现人口峭壁，导致长期经济不景气和经济停滞等问题，所以应当鼓励生育和移民。另外，英国社会地理学家丹尼·道林在其著作《100亿人》中指出，虽然世界人口在增加，但人口增加势头停滞，因此不必太悲观，也不需要担忧人类的未来。丹尼·道林主张，即使100亿人的时代会到来，人类也应当探索生存的现实方法。

根据人口统计展望未来无疑可以合理预测未来。人口变化绝不会一夜之间毁灭人类文明。过去马尔萨斯在《人口论》中预测人口爆发导致的未来时，并没有考虑到技术发展等因素。我们无须单看人口数量就悲观绝望。劳动人口会减少，但是尖端技术会替代劳动力，从而提高生产

平均预期寿命

2015年，世界卫生组织公布了不同国家的男女平均预期寿命。占据首位的日本人的平均预期寿命在19世纪为43岁，之后逐渐增加，至2015年为83.7岁。随着平均预期寿命的增加和出生率的减少，日本面临老龄化以及由此引发的各种问题。

力。我们至今想象不到的高附加值产业会出现，改善环境问题的革命性方法也会出现。我们需要以大历史的观点考察100亿人共同生活的地球。

100亿人共同生活的地球

根据目前的人口增长率预测，2053年，地球上将会有100亿人。如果不发生能阻止世界人口增长的环境巨变、大规模人口迁移、战争、危险传染病等，很难阻止人口增长的趋势。但是，不仅大部分发达国家，连发展中国家的出生率都可能会降低。只有人口增长率不太会降低的非洲人口会持续增加，到2050年，非洲人口将从现在的12亿变成24亿。那时，人口过剩引起的各种问题会成为社会的沉重负担。

100亿人要在地球上生存下去，应该考虑些什么呢？首先，要考虑空气、水、土壤等自然环境，石油、铁矿石、煤等矿产资源以及粮食资源的变化。丹尼·道林在其著作《100亿人》中主张，世界人口达到80亿时，水将成为人类生存最重要的因素。水虽然占地球表面的约70%，但是大部分地区可用水资源缺乏或遭污染，缺水问题已成为地球村共同的话题。20世纪，全世界城市人口的约一半生活在污水处理不到位的环境中，工业废水和生活污水直接流入江河或大海。随着饮用水、生活用水、工业用水、农业用水量的增加，可用地下水的量也逐渐减少。因此，在水资源不太丰富的西南亚，严重的缺水问题已造成国家间的矛盾。

对于包括人类在内的地球上的生命体来说，干净的空气必不可少。"农耕改变了地球表面，工业化改变了地球大气。"工业化以后，无数的工厂和汽车排放大量污染物质到大气中，人口也向城市集中。目前，全世界有37个人口超过1 000万的城市。2016年，全世界人口最多的城市日本东京生活着大约3 780万人。首尔市内人口为980万，加上首都圈的卫星城市，人口共有2 550万。

2016年，占世界总人口54.5%的40亿人口居住在城市。2045年，全世界城市人口将达到60亿。城市人口增加的90%将发生在亚洲和非洲。发达国家城市工业化开始较早，空气质量相当优良，问题是发展起步较晚的国家。这些国家把提升国内生产总值和经济增长放在首位，在运转工厂、开动汽车等方面使用了大量化石燃料。随着煤炭、石油的使用量增加，一些城市正遭受着严重的大气污染。尤其是最近，全世界对雾霾危害提高了警惕。霾中的灰尘、氮氧化物、硫氧化物等污染物质侵入肺部和血液，可造成呼吸系统疾病和心血管系统疾病。尤其是对肺部正处于生

土耳其的阿塔图尔克水坝

土耳其在幼发拉底河与底格里斯河上游建造了包括阿塔图尔克水坝在内的 20 多个水坝,以防止国土沙漠化,并确保水资源。但是,土耳其的水坝导致水流量减少、饮用水和农业用水匮乏、水质污染严重等问题。为此,遭到位于中下游的伊拉克和叙利亚等国的强烈反对,国家间局势日益紧张

长过程中的儿童来说,会引起永久性的肺损伤。

还有,这种污染物质产生雾霾和酸雨,造成土地污染和水质污染二次危害。另外,排放出来的氟利昂破坏臭氧层,使过量紫外线流入大气层内,杀死海洋里的浮游生物,破坏海洋生态体系,并且给人类带来皮肤癌、白内障等直接危害。化石燃料的滥用造成全球气候变暖。由于全球变暖,世界各地出现海平面上升、洪水泛滥等异常气候,造成严重危害,并且,饮用水缺乏、谷物生产量降低

还引发了粮食危机。

100亿人生存的地球还需要能解决100亿人温饱的粮食。但是，进入20世纪以来，农耕地开垦造成大片森林迅速荒废，土壤流失非常严重。化学肥料的使用提高了作物的产量，但是加工化学肥料需要石油。也就是说，为提高粮食生产量，需要增加化石燃料的使用，如此一来会造成破坏环境的恶性循环。

即使粮食产量提高了，还存在分配不均的问题。欧洲、日本、韩国等已进入老龄化社会的国家对粮食的需求会减少，而总和生育率高的非洲等地区对粮食的需求会增加。但是，这些地区农业设施简陋，肥料不充分，生产力低下，粮食不足问题非常严重。

2016年，世界粮食生产量达到25.66亿吨，比2015年增加了1.5%。这些粮食养活100多亿人口绰绰有余。然而，地球的一端粮食过多，肥胖人群增多，在地球的另一端，7.95亿人却正遭受营养不良带来的痛苦。总体粮食产量虽然充足，但有8亿人口却忍饥挨饿，可见粮食分配不均衡的问题非常严重。

原本给人的粮食却被用作家畜饲料，甘蔗、玉米等作物却用来作为加工生物乙醇等生产原料，这些问题都需要被重新审视。另外，占全世界粮食市场75%的跨国粮食贸易商垄断世界粮食流通市场，独占巨大利润。2014年，韩国粮食价格上升，饲料费飙升，畜牧产业面临危机。农耕地减少，农民人数减少，作为韩国人的主食大米自给率随之下降。在经济合作与发展组织（OECD）成员国中，韩国的粮食自给率最低，面对跨国粮食贸易商的垄断束手无策。若要共同生存的100亿人都不挨饿，不但要持续增加农业生产量，还要在国家和国际层面努力协商对穷人、穷国均衡分配粮食。

1972年，德内拉·梅多斯、乔根·兰德斯、丹尼斯·梅多斯在《增长的极限》一书中警告说，如果人口增长、实施工业化、环境遭污染、粮食产量减少、资源慢慢枯竭，那么人类将无法持续生存。2002年，他们在《增长的极限：三十年更新》一书中主张，如果约80亿人口满足于比目前低的生活水平，那么世界才有可能持续下去。为此需要抑制人口增长和产业增长，需要发展技术。如果不听他们的警告，不采取相关措施，那么世界贫富差距会越来越严重，环境污染等人类共同问题也会不断扩散。

为了解决这些问题，需要人类共同努力。随着人类世的开始，人类正建立超越地区和国家的世界性联合体，共同探索应对方案。世界卫生组织以全世界所有人达到最高健康水平为目标，在疾病、保健、卫生、医学等领域制定国际章程，实施国际政策。《世界卫生组织宪章》定义的健康不是单纯的身体无疾病的状态，而是肉体、精神、社会达到和谐的稳定状态。另外，国际上把第二次世界大战结束后的欧洲难民问题看作是人类共同的问题，为此于1950年成立了联合国难民署。为保护难民权利，保障难民福利，联合国难民署倡导国际活动，不分宗教、政治、人种，帮助所有人安全地生活在避难所。

除了国际机构，还有很多民间团体协力解决难民问题。"无国界医生组织"（MSF）就是其中之一。该组织以"完全独立于任何政治、经济和宗教势力之外"的价值观为宗旨，救援全世界遭受战争、饥饿、疾病、自然灾害等的受害者。"无国界医生组织"属于民间医疗救护团体，1971年设立"中立、独立、不偏不倚"三大原则，3 000多名志愿者在约80个国家和地区自发地参与救援活动，1999年获得诺贝尔和平奖。另外，保护儿童、帮助贫困儿童的救助儿童会等多种民间机构形成国家间的连接纽带，联合为共存努力。

在漫长的人类历史上，经常出现大规模的人口增加或人口减少。人类每次都成功克服并持续发展。人类文明通过不断反省，一直选择可持续发展的方案，尽管那些方案可能不是最佳的。人口增加或减少，总伴随着危机。这是因为人类文明错综复杂，相互联系紧密。一个问题跟其他无数个问题网状连接，彼此间产生蝴蝶效应。在地球某个角落有人痛苦挨饿的事，对我们因寿命延长而变长的未来会刮起怎样的台风，我们不得而知。要想得到粮食、能源、环境等人类生存所需的资源，国家层面、国际层面应努力加强协作。

从大历史的观点看"人口爆炸和传染病"

就在几年前,大家认为人口太多是大问题,然而最近担忧"人口峭壁"时代到来的声音日益高涨。未来30年,人口增多是问题,还是人口减少是问题呢?事实上,纵观整个人类历史,对这个问题的关注从未间断,其间只是人口规模的数字发生了变化而已。这是因为人口变化对推动或是阻碍人类文明发挥着重要作用。

过去数万年间,人类经历了无数次人口减少危机,但最终生存了下来,而且持续增长。旧石器时代有100万人,新石器时代有1 000万人,青铜时代有1亿人,工业化时代有10亿人,据预测,在不远的21世纪中期,全世界人口会达到100亿。如果只看这些数值,感觉人口随着时间的推移按照一定速度增长。但在整个人类历史上,人口数有时停滞不前,有时还会减少。

自从有了人类，人均子女数大概 5~6 名。那么照此速度，人口应该是快速增长。但是，工业化以前，人口增长非常缓慢，有时甚至减少。这种人口增减的原因如果单纯地归结为"制约"和"选择"的话，就很容易理解了。妨碍人口增长的"制约"包括气候、粮食、疾病、人口压力等被动因素。特定地域的气候变化、环境持续恶化使人类难以生活，人口就会减少。但是，每当人类在遇到这种"制约"时，就通过迁移和适应等特别的"选择"来增加人口。天气寒冷时就迁移到温暖的地方，粮食不足时就迁移到粮食丰富的地方。把生活方式从狩猎-采集转换成农耕，克服粮食供应的不足，这就是适应的典型事例。地球环境的变化是改变人类生存场所和方法的最重要的因素。

那么，影响人口增减的地球环境的变化都包含什么呢？末次冰期（9.6万年—1.1万年前）结束后，地球开始慢慢变暖。大气中的二氧化碳含量增多，作物的生产性提高。粮食资源变得丰富，所有地区的人口就开始增加。但是，在间冰期有数百年也反复出现过小冰期。7 500 年前的冰期使曾经丰饶的北非变成了一片沙漠。4 200 年前，美索不达米亚北部的阿卡德帝国灭亡。在被称为"小冰期"的 13 世纪至 17 世纪，世界人口持续减少。亚欧大陆发生的黑死病加速了人口的减少。欧洲人口减少的趋势相当严重,直至18世纪才有所恢复。

但是,通过农耕生活,人类开始适应环境变化,人口增长迎来新的局面。1万年前,人类利用长期积累的工具制作方法和对大自然的认知进行农耕,开始定居生活。公元前3000年至公元1年,世界人口从约5 000万增加到2.5亿。农耕人口的增加和技术的革新使人类能够生产更多的粮食。匠人、士兵、神职人员等精英阶层登场。之后,他们占据了大部分的剩余物品,出现了权力分化和贫富差距。由此,人类社会变成了包括统治阶层和劳动阶层的等级社会。公元1年时,全世界约2.5亿人,19世纪初期突破了10亿。之后世界人口在不过100余年后的1927年达到20亿。人口之所以以如此惊人的速度增长,是因为生产力充分提高了。这一时期,工业化开始实施,由此人口爆炸式增长,经济急速发展。工业化源于18世纪中后期英国的工业革命。大约100年间,技术得到发展,社会结构发生变化,以此为基础建立起了量化生产的经济体系。1850年至1950年,世界人口的增长由发达国家主导。出生率升高,医学更加发达,人的死亡率降低,于是总人口增加。

但是,在公共卫生保健等现代医疗体系尚不发达的19世纪以前,人类的平均寿命不满30岁。之所以如此低,大多是因为传染病。很多传染病从动物的疾病进化而来，再感染人类。农耕者开始定居生活，长时间暴露在堆积的污物中，因此各种细菌很容易通过食物或身体接触传播。病原菌容易在人与人之间传播，人口规模越大、密度越高，疾病扩散就越快。之后，随着大规模人口集体的城市和国家的形成，疾病传播更加迅速。特别是网络的发达成为传染病传播的最大推手。到罗马时代，亚、非、欧大陆连接，成为一个巨大的细菌繁殖场。传染病改变了发病地区的人口规模，不仅影响了该地区的政治、经济、文化，也决定了民族的存亡。传染病在人类历史上频繁发生，时强时弱地持续危害人类。在这个过程中，获得的免疫力成为帮助特定人群统治其他人群的最有力的武器。在黑死病肆虐的14世纪欧洲，封建庄园经济崩溃，传染病不分国王和平民，不分司祭和信徒，对所有人"一视同仁"，极大削弱了对传统社会秩序的忠诚和信仰。和亚非欧大陆相隔较远的美洲大陆的原住民在哥伦布到达之后接触到了陌生的病菌，结果导致2 000万人在1~2个世纪内死亡率超过95%。

在现代社会中，人口规模成为经济活动的重要指标。适中的人口密度是繁荣的基本指标和经济增长的动力。通过制造业发展经济的发达国家都具有一定基准以上的人口规模，以此稳定运行内需市场。人口减少就会引起劳动力不足和经济停滞的问题。因此，国家为保持适当数量的人口而推行各种各样的人口政策。在人口100亿的时代，同时又是人口峭壁时代，我们该如何展望人口变化的趋势呢？从人口数量的层面看，我们没有必要悲观。生产人口的数量减少的同时，能够代替劳动力的尖端技术就会出现，会提高生产能力。我们未能想到的高附加值产业会出现，创新改善环境问题的方法也会出现。因此，我们需要从大历史的观点展望100亿人共同生存的地球。

在不远的未来，为了100亿人能在地球上生存，我们该考虑哪些问题呢？空气、水、土壤之类的自然环境，石油、铁矿、煤炭等矿产资源，粮食资源等，都是我们需要考虑的问题。人类历史上经常出现大规模的人口增长和人口减少，幸运的是人类克服了种种困难发展至今。生活在现代的我们，为了确保生存所需的粮食、资源、能源，为了保护共同的环境，需要超越国家和民族，站在人类共同体的高度努力合作。

2017年10月

权基燮　崔吉顺